My last masterpiece
Cordially
Jean-Marie

Quand l'homme est-il responsable ?

Jean-Marie Ghiot

Quand l'homme est-il responsable ?

Essai

LE LYS BLEU
ÉDITIONS

ISBN : 979-10-422-5290-8

Introduction

Je n'écris pas pour amuser. J'essaie de sauver ce que je peux de ces quelques printemps que j'aurai passés ici-bas.

Jean d'Ormesson,
Un jour je m'en irai sans en avoir tout dit

***

Exprimer mes idées sans être sûr d'être lu c'est un peu comme jeter une bouteille à la mer où, peut-être, quelqu'un la découvrira un jour.

Mais il me paraît insupportable de rester les neurones croisés devant l'indifférence du monde qui nous entoure. Voir, sans réagir, un juge tout-puissant utiliser un pouvoir que seuls les dieux possédaient dans la mythologie antique me paraît difficile. D'autres ont réagi à leur niveau, les Badinter, Leclerc, Vergez.

Mais le contresens est plus profond : la délinquance est inéluctable chez l'homme à cause de son hérédité, de ses gènes, de son passé, des circonstances. La thérapie devrait consister à le guérir, à le corriger et non à le punir.

Les recettes du passé sont axées sur la violence, mais d'autres solutions existent, comme le prouve la prison de Bastøy, et cela en utilisant le même cadre, mais avec d'autres méthodes et d'autres personnes qui privilégient l'adage : « Si nous traitons les gens comme des animaux lorsqu'ils sont en prison, ils se comporteront probablement comme des animaux. Ici, nous traitons les gens comme des êtres humains ».

Et si rien n'est possible pour amender le délinquant, alors il faut protéger la société.

Pour atteindre ces objectifs, l'État, aujourd'hui absent, doit promouvoir la formation des spécialistes, psychologues spécialisés ou soignants.

De manière préventive, il devrait mettre en place des institutions qui auraient pour mission d'éveiller la conscience de l'individu, concevoir une école réformée, restaurer un service citoyen et honorer des figures de proue comme Arnaud Beltrame.

L’anthropoïde

Quand j’entends le pépiement des oiseaux, je devine qu’ils composent entre eux un dialogue intense, mais celui-ci m’est hermétique parce que chaque monde a son propre langage. Leurs échanges, autant que le discours du philosophe, sont dignes d’intérêt parce qu’ils permettent de deviner les relations des êtres à l’intérieur de leurs mondes particuliers.

Spinoza explique que notre entendement ne comprendra jamais l’être supérieur. Mais, étonnamment, notre sensibilité n’accède pas non plus à celle de l’oiseau, du loup ou du chien qui se sont composé leurs propres univers.

Dans notre monde, nous nous sommes construit une morale, entendez un ensemble de règles qui nous permettent de vivre ensemble. Mais celle-ci ne s’applique en rien à la morale du peuple voisin ou à celle de l’animal. C’est celle de la horde de loups qui va tuer le louveteau intrus parce qu’il a bien involontairement franchi son territoire. Ces règles de cohabitation sont là pour garantir une certaine harmonie, par exemple celle du respect de l’autre tout au long d’une vie si courte. Mais on constate combien cette morale est fragile. Elle sera mise à mal par une série d’incidents qui vont façonner chaque être de manière différente, en fonction de sa perméabilité, de l’intensité des stimuli qu’il va ressentir, de l’interprétation qu’en fait chaque individu.

La frontière entre les êtres n'est pas non plus évidente. Entre un singe évolué et l'homme de Cro-Magnon, la limite est floue. Entre un intellectuel et un pilier de bistrot, le niveau de discours est énorme. Question plus fondamentale encore : font-ils toujours partie de l'humanité, ces tyrans d'aujourd'hui qui ont succédé à d'autres, aussi brutaux en leur temps ?

Chacun de ces êtres va montrer de la versatilité au fil de son existence : l'histoire religieuse raconte qu'on a connu des brigands qui, en fin de leur âge, se sont comportés en saints et ont été béatifiés. Tout au long de la vie, les êtres vont présenter des mutations, des dérapages, des conversions, des corrections. Leur évolution n'est pas prévisible ni leur réponse aux stimuli qu'ils vont rencontrer.

À travers cette complexité, l'homme va se trouver face à un monde qui le domine et le contraint à respecter ses valeurs.

Comment hiérarchiser les valeurs que ce monde va lui imposer ? La difficulté est que le terme « valeur » est interprété d'une manière totalement différente selon les êtres et selon les communautés. C'est le pélican qui offre son corps à ses petits affamés, c'est le peuple qui se soumet au diktat d'un tyran, c'est le musulman dont la vie a peu d'intérêt, comparée à son mirage paradisiaque, c'est Camus qui surmonte l'absurde pour trouver un sens à la vie terrestre.

Pour codifier cette valeur, l'homme a sacralisé des règles bien contradictoires d'une partie du monde à l'autre et d'un siècle à l'autre.

Pour faire respecter ces règles, il a imaginé des lois et mis en place des outils de répression lorsque ces lois ne sont pas respectées.

Mais peut-on déterminer en quelle mesure l'être qui enfreint ces règles le fait de manière consentante et volontaire ?

Partant de l'aphorisme de Pascal selon lequel « toute notre dignité consiste dans la pensée », j'en déduis que la qualité de l'homme dépend de sa capacité de raisonnement. C'est donc en fonction de ce principe qu'il devient responsable et sa culpabilité éventuelle doit être évaluée à travers sa volonté de commettre le crime.

Inversement, quand les conditions extérieures, physiques ou psychiques, ont altéré son libre arbitre, sa culpabilité s'atténue et disparaît. Peut-on condamner un fou ?

On devrait aussi accepter que le délinquant alcoolisé soit devenu irresponsable parce que sa faute remonte au moment qui l'a conduit à s'alcooliser, ce qui peut-être ne lui a pas permis de pressentir l'idée des dégradations qu'il allait provoquer. C'est donc en amont de l'état alcoolique qu'il faudrait sanctionner sa faute. Mais a-t-il eu l'appréhension de ce qui allait suivre ?

Jusqu'où peut-on imposer ce raisonnement en contradiction avec les us et coutumes de notre société tellement superficielle ?

Et pour expliquer mon point de vue, je propose d'analyser quelques cas concrets, banalisés par la TV, mais qui me permettent d'illustrer mon ressenti.

C'est l'histoire de cette femme qui se retrouve devant le procureur, elle était imbibée d'alcool, elle avait eu un accident de voiture et agressé le policier venu l'appréhender à la demande du mari. Le verdict du procureur fut de l'envoyer devant le tribunal avec charge d'avoir bu, provoqué un accident, mais surtout d'avoir agressé un policier et l'avoir mis en incapacité de travail. Elle exprime sa détresse d'être restée seule à gérer des enfants handicapés.

J'interprète cet épisode autrement : son ébriété, c'est sa manière à elle d'oublier sa détresse et c'est cette vérité qui aurait dû constituer la pièce principale à apprécier. L'homme qui l'a abandonnée avec ses enfants, lui aussi, est un coupable et le rôle d'un magistrat devait être de l'impliquer également lors de son jugement.

C'est aussi la souffrance de Geneviève Lhermitte, dépassée par un environnement trop lourd.

Elle avait tué ses cinq enfants et elle a été euthanasiée à sa demande après un procès difficile.

Dans sa lettre d'adieu laissée chez une amie avant le quintuple infanticide, Geneviève Lhermitte accusait son mari d'être sourd à sa détresse. Elle s'en prenait au Dr S., le qualifiant de « salopard qui m'a pourri ma vie, volé mon intimité avec mon mari et mes enfants » (la libre).

« Si son euthanasie pour souffrances psychologiques à ce point graves a été acceptée, il est logique de se demander si ces souffrances n'existaient pas au moment du procès et si on n'a pas eu faux sur le plan émotionnel… j'ai aujourd'hui un sentiment d'empathie. De par son acte, Geneviève Lhermitte s'est condamnée à la perpétuité mentale. » (Ciné-Télé-Revue)

Les composants du comportement

Pourquoi vouloir analyser le comportement de chaque individu, pourquoi s'obstiner à peser la part de sa volonté personnelle, l'impact de son hérédité et de son parcours depuis sa naissance jusqu'à sa maturité psychologique ?

Si on met de côté la part de déterminisme qui intervient dans le comportement de l'individu, cela permet de percevoir ce qui subsiste de sa responsabilité et d'évaluer la pertinence des institutions qui régissent son existence :

- Celle de la justice pour qui il est inadmissible de condamner quiconque alors qu'il n'est en rien responsable de son comportement.
- Celle des politiques, concepteurs des lois qui vont contraindre les citoyens.
- Celle de l'éducation qui doit conduire les jeunes à un comportement responsable.

Et les questions fusent :

Comment comprendre le caractère brutal de l'un, la déviance d'un voleur plutôt pervers que nécessiteux, de l'état d'esprit du destructeur malfaisant. Peut-on démontrer que la famille et le voisinage ont façonné cet être ?

L'observation scientifique n'aborde que l'aspect physique de l'individu. Historiquement, les théories ont progressé depuis les mutations observées lors du croisement des espèces. Cela a commencé par l'hypothèse de « l'hérédité par mélange », abandonnée au profit des lois de Mendel qui essaya de codifier les caractères physiques à travers la génétique et ses chromosomes. La génétique a ainsi pris toute son importance, concentrée avant tout sur les particularités de l'ADN.

Mais peut-on imaginer qu'à travers le mystère de l'ADN il y a eu transmission d'un caractère préexistant lors de la naissance ; ou au contraire que chacun va créer progressivement sa propre personnalité, ses caractéristiques sociales et que celles-ci seront le fruit des réactions successives de l'individu aux stimuli qui se présentent à lui ?

Depuis la nuit des temps, l'homme a subi des évolutions morphologiques. L'interprétation des causes évolue, mais elles n'expliquent jamais le comportement de l'individu dans un univers particulier.

En quelle mesure l'hérédité peut-elle affecter la réaction psychologique de l'individu face aux stimuli qui se présentent à lui ? Les gènes sont-ils en cause en interférant dans la liberté de chaque être ?

La science progresse dans la connaissance du génome humain et si l'on admet une certaine dépendance physique venue de son hérédité, les choses ne sont pas aussi claires en ce qui concerne sa dépendance psychique.

Pourrait-on accepter l'idée que l'hérédité va affecter dans une certaine mesure la réaction psychologique de l'individu face aux stimuli qui se présentent à lui ?

Avant de m'aventurer dans de telles ténèbres, je voudrais disséquer les pièces de ce puzzle.

La première étape de ce long chemin consiste à rassembler les réflexions de ceux qui se sont penchés sur le sujet, d'évaluer leur pertinence et ensuite d'en tirer les conséquences logiques et éthiques qui découlent de la responsabilité de chacun.

L'hérédité

L'hérédité constitue un paramètre majeur qui va influer sur le profil de chaque être. On sait que les caractéristiques physiques sont transmises par des principes qui ont été interprétés au fil des temps et dont l'ADN est le domaine le plus exploré aujourd'hui.

Pensons à la quatrième loi de Lamarck : « Tout ce qui a été acquis, tracé ou changé, dans l'organisation des individus, pendant le cours de leur vie, est conservé par la génération, et transmis aux nouveaux individus qui proviennent de ceux qui ont éprouvé ces changements ». C'est l'exemple de la girafe dont le long cou lui a permis, au cours des temps, d'atteindre les feuilles des arbres qui la nourrissent.

Notre préoccupation concerne l'influence que cette hérédité peut avoir sur le comportement de l'homme et en conséquence sur sa responsabilité.

Plusieurs auteurs émettent l'hypothèse selon laquelle celle-ci en est effectivement un composant, mais elle relativise leur responsabilité lors de la commission de leurs actes. Dans ce domaine, il est intéressant de relever les thèses de quelques auteurs comme Raine, Eiguer ou Lombroso.

D'autres entendent élargir cette influence non seulement sur les particularités physiques, mais sur l'environnement transmis en échafaudant la théorie des mèmes. Ce ne serait pas seulement les gènes qui, par transmissions successives, conditionnent le comportement, mais également un environnement composite.

Une dernière théorie évoque l'hypothèse d'une transformation du cerveau à la manière du cou de la girafe, « c'est la psychologie évolutionniste qui repose sur l'hypothèse selon laquelle le cerveau, tout comme les autres organes, est le produit de l'évolution, et constitue donc une adaptation à des contraintes environnementales précises auxquelles ont dû faire face les ancêtres des hominidés, ainsi que sur l'hypothèse d'après laquelle les comportements sociaux peuvent s'expliquer par le traitement des stimuli sociaux par le cerveau dans le sens d'une meilleure adaptation individuelle au groupe. » (Wikipédia)

Raine

Criminologist Believes Violent Behavior Is Biological.

(Un criminologue pense que le comportement violent est biologique.)

« Il y a vingt ans, lorsque l'imagerie cérébrale a permis aux chercheurs d'étudier l'esprit des criminels violents et de le comparer à l'imagerie cérébrale de "personnes normales", un tout nouveau domaine de recherche – la neurocriminologie – s'est ouvert.

Adrian Raine a été le premier à mener une étude d'imagerie cérébrale sur des meurtriers et depuis lors il a continué à étudier le cerveau de criminels violents et de psychopathes. Ses recherches l'ont convaincu que s'il existe un élément social et environnemental au comportement violent, il existe un autre côté de la médaille et ce côté est biologique.

"Tout comme il existe une base biologique pour la schizophrénie, les troubles anxieux et la dépression, je dis ici qu'il existe également une base biologique pour les délits violents récidivistes" », explique Raine.

Il affirme que cette nouvelle vision des criminels violents pourrait potentiellement aider à orienter la manière dont nous abordons la prévention du crime et sa réhabilitation.

La question qui préoccupe Raine est cependant celle de la punition et de la peine de mort. Pour faire simple, dit-il, « si un mauvais cerveau est à l'origine d'un mauvais comportement, si un dysfonctionnement cérébral augmente les risques que quelqu'un devienne un délinquant criminel – un délinquant violent – et si les causes du dysfonctionnement cérébral surviennent relativement tôt dans la vie devrions-nous tenir cet adulte entièrement responsable ? » (Interview du 21 mars 2014 sur Fresh Air)

Alberto Eiguer

« il m'est apparu, à moi parmi d'autres, que le traumatisme transgénérationnel transmis des parents aux enfants méritait d'être reconnu comme un facteur majeur de trouble. Ce sont des traumatismes que les ancêtres auraient subis ou dont ils auraient été les acteurs (inceste, escroquerie, meurtre, violence sociale). Qu'elle concerne l'ancêtre, le parent ou l'enfant, la violence endurée provoque débordement d'excitation, désillusion, sidération, affaiblissement de l'estime de soi, impossibilité de penser. Mais ce qui caractérise le traumatisme transgénérationnel, c'est l'effet de réverbération d'une tache honteuse qui s'amplifie au fur et à mesure des générations atteignant les bases mêmes de l'identité familiale. Un objet transgénérationnel est un ancêtre de lignée directe ou collatérale qui aurait vécu ces expériences et dont la représentation participe à ce processus.

Tout en le méconnaissant ou ignorant tout de lui, le descendant est tenté inconsciemment d'imiter l'ancêtre et ses méfaits, de réaliser un acte plus effroyable que lui ou d'essayer en le reproduisant de mieux comprendre ce qui est arrivé, éventuellement, pour lui donner une dimension plus digne. Pour cela, il capte des messages trop mystérieux pour lui, il veut les connaître, etc.

En se reconnaissant dans la lignée, les membres de la famille peuvent se sentir mieux contenus. Dans la vie des familles, les ressemblances physiques et psychiques alimentent le narcissisme groupal ; on introjecte les traditions communes, une religion, un langage. Des légendes et des mythes familiaux leur donnent corps. Une infinité d'histoires sont régulièrement rappelées, notamment lors des réunions de famille. » (A. Eiguer, 1991)

David Eagleman

« Notre cerveau travaille… incognito. En effet, ce que nous faisons, pensons, croyons, émane souvent de parties de notre cerveau auxquelles nous n'avons pas accès, d'une activité dont nous ne sommes pas conscients. Mais si la conscience n'est que la partie émergée de cet iceberg, qu'y a-t-il en dessous ?

David Eagleman sonde dans cet ouvrage les profondeurs de l'inconscient.

Derrière le "je" qui croit souvent faire la loi se dissimule une masse considérable de données doublée d'un traitement magistral (de toutes ces données) – tout cela accompli, la plupart du temps, de façon inconsciente par des milliards de neurones et leurs multiples connexions.

Le cerveau a pour mission de recueillir des informations et d'orienter le comportement de manière appropriée. Peu importe que la conscience soit impliquée dans la prise de décision. Et la plupart du temps, ce n'est pas le cas. Qu'il s'agisse d'yeux dilatés, de jalousie, d'attirance, d'amour des aliments gras ou de la grande idée que vous avez eue la semaine dernière, la conscience est le plus petit acteur dans les opérations du cerveau.

Si le Mel Gibson ivre est un antisémite et que le Mel Gibson sobre est authentiquement désolé, existe-t-il un vrai Mel Gibson ? Pourquoi le juge de la Cour suprême, William Douglas, a-t-il affirmé qu'il était capable de jouer au football et de faire de la randonnée, alors que tout le monde pouvait voir qu'il était paralysé après son AVC ?

Pourquoi les gens donnent-ils volontairement leur argent aux banques pour les comptes de Noël (et pourquoi les singes ne le font-ils pas) ? Pourquoi les patients sous traitement contre la maladie de Parkinson deviennent-ils des joueurs compulsifs ? Pourquoi les athlètes suivent-ils des routines comme faire rebondir le ballon trois fois avant de tirer un lancer franc ? Pourquoi Charles Whitman a-t-il soudainement tué sa famille et abattu quarante-six autres personnes du haut de la tour de l'université du Texas à Austin, et quel rapport cela avait-il avec son cerveau ? Quelle part de ce que nous sommes est dans les gènes, et quelle part dans l'environnement ? Le libre arbitre existe-t-il ou non, et comment cela affecte-t-il notre vision de la culpabilité et du mérite ? » (David Eagleman)

Cesare Lombroso

Sa méthode consiste à repérer un nombre de cas représentatifs, à les classifier, pour ensuite en tirer des pourcentages et des tendances. Il se concentre sur les caractères les plus significatifs des individus comme : colère, vengeance, jalousie, sens moral, affection, cruauté, paresse, vanité, etc., et à travers différents exemples choisis, il tente d'en établir la liaison avec la parenté.

Il relève des exemples significatifs de caractères propres à l'enfant dont les principaux sont évoqués ici :

« Perez a démontré la fréquence et la précocité de la colère chez l'enfant. “Dans les deux premiers mois, il manifeste par les mouvements de ses sourcils et de ses mains une véritable colère quand on veut le laver, ou lui enlever un objet. À un an, sa colère va jusqu'à battre les personnes, à briser les plats, à les lancer contre ceux qui lui déplaisent." »

« Quelquefois, on voit bien les enfants briser un objet plutôt que le céder à leurs camarades. Fénélon a dit (*Éducation des filles*, ch. V) : "Chez les enfants, la jalousie est plus violente qu'on ne saurait se l'imaginer ; on en voit parfois qui dépérissent d'une langueur secrète, parce que d'autres sont plus aimés et plus caressés qu'eux." »

« Il n'est pas douteux que le sens moral manque aux enfants dans les premiers mois de leur existence, et même jusqu'à la fin de la première année. Pour eux, le bien et le mal ce sont les choses permises ou défendues par le père et la mère ; mais pas une seule fois, ils ne comprennent d'eux-mêmes si une chose est bonne ou mauvaise. »

« La cruauté, en effet, est un des caractères les plus communs de l'enfance. Il n'est pas d'enfant, dit Broussais (*Irritation et folie*, p. 20), qui n'abuse de sa force pour opprimer les êtres plus faibles que lui. C'est là son premier mouvement. Toutefois, les plaintes de sa victime l'arrêtent quand il n'est pas d'un naturel féroce, et cet arrêt dure jusqu'au moment où une impulsion nouvelle lui fera commettre une seconde faute.

« Vanité. Dans deux familles où les principes de l'égalité sont comme innés chez les pères, on a vu les fils, dès l'âge de trois ans, traiter les pauvres avec hauteur et avoir des égards pour les enfants qui appartenaient à des familles riches et titrées. » (Cesare Lombroso)

Ensuite, il se focalise sur les caractères propres aux criminels-nés avec d'autres exemples :

« Il serait une grave erreur que de supposer tous les sentiments éteint chez les criminels ; beaucoup ont certainement disparu, plusieurs paraissent survivre. Troppmann, après avoir massacré une famille entière, pleurait en entendant nommer sa mère.

Au lieu des affections de famille et des affections sociales qui, chez les criminels, sont complètement éteintes ou se présentent à l'état d'équilibre instable, on voit dominer chez eux d'autres passions moins nobles, mais extrêmement tenaces. Et, d'abord, entre toutes, la vanité, ou, pour mieux dire, un sentiment excessif de leur valeur personnelle.

Ces gens-là tirent vanité de leur force, de leur beauté, de leur courage, de leurs richesses mal acquises et peu durables, et, chose plus étrange et plus navrante, de leur habilité dans le crime.

L'inclination à la vengeance pour les moindres causes est la conséquence naturelle d'une vanité si démesurée, d'un sentiment si exagéré de leur valeur personnelle. » (Cesare Lombroso)

Pour illustrer le travail de Lombroso, relevons encore quelques-unes de ses conclusions :

« Ce n'est point, certes, le système pénitentiaire qui prévient les récidives ; les prisons en sont, au contraire, la cause principale. […]

Mais avez-vous jamais vu un homme corrigé par la prison ? […]

Si les systèmes pénitentiaires ont une médiocre influence sur la récidive, l'instruction (et l'on remarquera que les deux choses sont connexes) en a une moindre encore. Elle semble même favoriser la récidive ; et nous verrons bientôt que l'instruction, que des esprits superficiels, en cette matière, regardent comme une panacée du crime, est aussi une des causes de la récidive, ou, tout au moins, un de ses facteurs indirects. […]

On peut dire du véritable voleur ce qu'on dit du poète : il naît tel, il ne devient pas. Et comment croire qu'il soit possible de réformer ce qui est le produit de générations successives ? […]

Il cite à ce propos Chatterton entendant dire à des voleurs, dans la maison où il était enfermé, que, fussent-ils millionnaires, ils continueraient leur métier. Les neuf dixièmes des condamnés sont ainsi. […]

C'est que le sens moral, chez la plupart d'entre eux, fait absolument défaut ; beaucoup ne peuvent comprendre l'immoralité de la faute.

Un voleur milanais me disait : "Je ne dérobe pas, je ne fais qu'enlever aux riches ce qu'ils ont de trop ; et, d'ailleurs, les avocats, les négociants font-ils autre chose ? Pourquoi donc suis-je le seul accusé, et ceux-là, pourquoi les laisse-t-on tranquilles ?" […]

On parle souvent du remords qui ronge le criminel ; et l'on a même vu, il y a quelques années, les systèmes de pénalité prendre pour point de départ le repentir des coupables. Mais il suffit d'avoir étudié même superficiellement ces misérables, pour être certain que le remords leur est inconnu. […]

D'après Elam et Tocqueville, les pires détenus sont ceux qui ont la meilleure conduite dans la prison ; plus intelligents que les autres, ils s'avisent que pour être bien traité il est bon de feindre des sentiments honnêtes […]

Il n'est pas rare qu'un de ces misérables comprenne qu'il fait mal ; mais il ne donne pas à sa mauvaise action la même importance que nous. Par exemple, Dombey écrivait, après son premier assassinat : "J'espère qu'on me pardonnera cet enfantillage" » (Cesare Lombroso)

J'en retiens que dans tous les cas étudiés par Lombroso, que ce soit chez l'enfant ou chez le criminel né, il existe une part de déterminisme qui force le délinquant à adopter un certain type de comportement et génère en lui des pulsions à commettre des délits.

Richard Dawkins

Il est le concepteur de la Mémétique « Le mème est "un élément de langage reconnaissable et transmis par répétition d'un individu à d'autres". La définition que donne Richard Dawkins correspond à une "unité d'information contenue dans un cerveau, échangeable au sein d'une société". Elle résulte d'une hypothèse selon laquelle les cultures évolueraient comme les êtres vivants, par variations et sélection naturelle. » (Wikipédia)

Sa théorie de l'existence des mèmes est calquée sur celle de l'évolution des gènes.

L'épigénétique

L'épigénétique démontre les effets possibles des premières expériences tout au long de la vie.

« Les gènes que les enfants héritent de leurs parents biologiques contiennent de l'information sur leur développement, par exemple, leur taille à l'âge adulte ou leur tempérament.

Lorsque les expériences modifient les marqueurs épigénétiques responsables de l'expression génétique, ces marqueurs peuvent déterminer si les gènes exprimeront ou non l'information qu'ils portent et, si oui, de quelle façon.

Par conséquent, l'épigénome peut être modifié par les expériences positives, comme les relations constructives et les occasions d'apprentissage, et par les facteurs négatifs, comme les produits toxiques de l'environnement et les situations stressantes, qui laissent une "signature" épigénétique distinctive sur les gènes. Cette signature, qui peut être temporaire ou permanente, agit sur la capacité d'activation ou de désactivation des gènes.

D'après des études récentes, il serait possible de renverser certains changements négatifs et de rétablir un bon fonctionnement. La meilleure stratégie consiste tout de même à favoriser des relations attentives et à réduire le stress pour faciliter le développement d'un cerveau solide dès le départ.

Le Jeune Cerveau Est Particulièrement Sensible Aux Changements Épigénétiques.

Les expériences vécues en très bas âge, quand le développement du cerveau est le plus rapide, entraînent des adaptations épigénétiques qui déterminent si les gènes sont exprimés, la manière dont ils le sont et le moment où ils le sont. Ces adaptations auront des conséquences sur la santé, les compétences et la résilience. C'est pourquoi il est primordial que les enfants vivent des expériences positives et enrichissantes dès les premières années de leur vie.

Des services comme des soins de santé de qualité pour les femmes enceintes, les nourrissons et les tout-petits ainsi que l'accompagnement des nouveaux parents et des proches aidants peuvent littéralement avoir un effet concret sur la structure chimique des gènes de l'enfant. Des relations constructives et des expériences d'apprentissage riches produisent des signatures épigénétiques qui activent le potentiel génétique. » (Center on the Developing Child Harvard University)

***

Les deux dernières études s'accordent sur un point. Il semble que leurs analyses aboutissent à une conclusion commune selon laquelle la personne est formatée par son entourage.

Dans les deux cas, les auteurs réfutent l'influence des gènes. Du côté de la mémétique parce que les mèmes sont transmis par des moyens non génétiques, en particulier par l'imitation, et en ce qui concerne l'épigénétique parce qu'elle affirme qu'un même ADN peut être utilisé différemment d'une cellule à une autre.

Dans les deux cas, ma question originelle n'a pas sa réponse : le monde extérieur a-t-il impacté l'individu de telle manière que sa responsabilité personnelle est affaiblie ?

***

Les conclusions à tirer vont varier selon l'aspect conformiste que l'on découvre ci-dessous ou une réflexion que nous développerons plus loin :

« Une opinion similaire veut que la culpabilité morale de l'individu réside dans le caractère individuel. Autrement dit, une personne avec le caractère d'un meurtrier n'a pas d'autre choix que d'assassiner, mais peut encore être punie parce qu'il est juste de punir ceux de mauvaise moralité.

Comment son caractère a-t-il été déterminé est non pertinent dans cette perspective. Robert Cummins, par exemple, soutient que les gens ne devraient pas être jugés pour leurs actions individuelles, mais plutôt sur la façon dont ces actions "reflètent leur caractère".

Si le caractère (quelle qu'en soit la définition) est le facteur causal dominant dans la détermination des choix de chacun, et si ses choix sont moralement mauvais, alors on devrait être tenus responsables de ces choix, indépendamment des gènes et autres facteurs de ce genre.

Il existe en droit une exception connue à l'hypothèse que la culpabilité morale réside soit dans le caractère individuel, soit dans des actes librement voulus. La défense d'aliénation mentale – ou son corollaire, la responsabilité diminuée (sorte d'appel au sophisme de la cause unique) – peut être utilisée pour soutenir que l'acte coupable n'a pas été le produit d'un esprit coupable.

Dans de tels cas, les systèmes juridiques de la plupart des sociétés occidentales supposent que la personne n'est en quelque sorte pas fautive parce que ses actions sont une conséquence d'une fonction cérébrale anormale (ce qui implique que le fonctionnement du cerveau est un agent causal déterministe de l'esprit et du motif). » (Wikipédia)

De là à conclure que la justice doive pénaliser quelqu'un pour son héritage génétique me semble une hérésie et cela apparaît moralement inacceptable.

La métamorphose

À travers les méandres de son existence, l'homme est en perpétuelle mutation.

Essayons de le suivre à travers les étapes de sa vie et des embûches qu'il va rencontrer.

L'enfance

Au départ, ses parents l'auront façonné dans un moule qui pérennisera sa première observation du monde imprégné de ses acteurs. Et l'ombre de ce modèle va le poursuivre très longtemps. Le fantôme de son enfance sera marqué par le souvenir de l'amour paternel ou au contraire contraint par un climat sévère exigeant le respect de règles strictes. Son comportement ultérieur reflétera souvent l'état d'esprit de cette période.

Rappelons-nous Winston Churchill rejeté par son père qu'il admirait énormément. Winston n'aura de cesse toute sa vie de vouloir le surpasser alors que ce père se désintéressait de lui.

Si dès le premier âge les parents sont absents et ont délégué leur rôle aux grands-parents ou à d'autres institutions, le lien familial s'en trouvera faussé et l'enfant va peut-être trouver un refuge dans une solitude qui va le personnaliser plus tard.

Si son éducation a été galvaudée, cela laissera libre cours à des dérives comme l'agressivité ou le refus de la moindre discipline imposée par le vivre ensemble.

Quand un parent vient agresser le professeur qui a puni l'élève, le climat familial a sans doute accepté ce laisser-aller et a rendu l'enfant étranger à toute discipline, alors qu'à cet âge il a besoin de s'accoutumer aux contraintes sociales.

Ses premières expériences dans le milieu proche vont se combiner aux autres stimuli qu'il va rencontrer ensuite. Si l'éducation familiale ne l'a pas préparé, si l'école n'a enseigné que des informations élémentaires qui n'ont jamais abordé le discernement et l'intégration sociale, son comportement s'en trouvera altéré.

La jeunesse

Et quand plus tard on le retrouve majeur, il a quitté le monde encadré de son enfance, il a atteint sa maturité juridique, il se trouve projeté dans une situation où il doit assumer ses premières décisions individuelles et affronter les contraintes sociales.

Jeune turbulent, il n'a compris qu'une partie du problème, il ne l'a pas encore analysé et il doit gérer cet âge ingrat malgré lui.

C'est le choix de ses études, de ses options, d'une orientation ou d'un gagne-pain. Il ne sait rien de ce qui va suivre. C'est l'inconnu, il glane des informations là où il peut. Si l'affaire familiale ouvre ses portes à un enfant favorisé, tant mieux pour lui, mais c'est rarement le cas pour le jeune inexpérimenté qui, lui, doit alors naviguer dans un monde peu accueillant.

Comment lui faire comprendre ce contrat social base d'une vie en société **?** Quelle instance pourrait le préparer, lui inculquer ces valeurs ? L'absence de guide est pour une grande part de son désarroi.

Cette période représente une étape importante dans son évolution. Jusqu'ici, il était guidé par un entourage familial ou scolaire sécurisant. Dès ce moment, il est confronté personnellement à des prises de décision cruciales et il n'est pas évident de la manière dont il va s'en sortir.

Inconscient, va-t-il traverser cette période de liberté comme une récréation continue et ensuite fait volte-face ou va-t-il rêver et construire patiemment son lendemain ? Va-t-il s'informer, se créer son univers ?

Quand Daniel Cohn-Bendit, acteur virulent de mai 68, aujourd'hui devenu mature et débatteur brillant, évoque ses équipées de jeunesse, il n'émet bien sûr pas de regrets, mais on l'entend reléguer sa guérilla au rang d'un épisode juvénile.

Une fois passée cette période d'exaltation qui s'appelle « la jeunesse » pendant laquelle les positions les plus débridées se sont manifestées, certaines ont conduit à la contestation, d'autres à rentrer dans le rang.

La profession

Enfin, le monde professionnel et social l'intègre et, s'il n'y prend garde, ce monde parfois hostile pourrait faire de lui un automate qui ne juge pas, mais obéit. Dans nos sociétés qui prônent la participation du personnel aux décisions du conseil d'entreprise, la solution est-elle différente ? L'ouvrier qui obéit à son contremaître, à un cadre, au patron voit-il sa subordination d'une manière euphorique ? Ce sentiment de dépendance a-t-il disparu malgré un environnement qui serait plus convivial ?

Est-ce si compliqué de se mettre dans la peau de quelqu'un, sorti des études, qui affronte les premiers contacts impersonnels et froids d'un organisme, Pôle emploi ou autre, perdu parmi les contraintes et la foule de ses semblables.

Comment s'intéresser à un travail monotone alors qu'à deux pas règnent le folklore et l'amusement qui l'invitent ?

Cette contrainte psychique serait acceptée par le travailleur si celui-ci percevait à la clé un avantage soit financier, soit enrichissant et créatif comme une formation qualifiante ou en étant associé à la gestion de l'entreprise.

Le temps du travail à la chaîne est révolu, le télétravail a montré d'autres avantages, même si l'IA n'a pas encore investi la place.

Si, à cause de circonstances économiques défavorables, le succès n'a pas été au rendez-vous, il se retrouve alors devant d'autres défis de survie qui ont pour noms « sans-emploi, chômage », la charge psychique est simplement différente, mais tout aussi prenante.

D'autres ont voulu prendre leur destin en main. Mais, Dieu, qu'il a fallu de l'audace, du courage de la volonté pour penser autrement que ce monde qui vous enferme. Dieu, que de risques à prendre parmi ces arcanes courtelinesques pour assurer son propre envol, sans filet de sécurité, et gérer des lendemains incertains ! Risque financier et risques pour sa subsistance alors que cette société ne le couvre pas.

Mais peut-être envoûtés par la satisfaction de réussir leur propre deal, de réaliser leur idéal, ils ont osé. Mais qu'il est dur, ce chemin-là !

Les stimuli

À travers les étapes de sa mutation, l'individu va se trouver sous l'influence de stimulations extérieures. L'impact que ces forces auront sur lui dépendra de sa personnalité, de sa résistance, de sa perméabilité.

Quand s'est tracé l'espace rationnel à l'intérieur duquel l'homme peut raisonner, dans lequel il peut être considéré comme un être libre de son jugement et de ses actes, alors on peut tenter de juger les failles de son comportement vis-à-vis de la communauté.

La partie sensible de l'individu doit affronter une série de stimuli et ceux-ci vont produire des réactions de degré plus ou moins intense.

L'entourage social doit parfois intervenir tant pour atténuer l'action de ces stimuli que pour corriger le comportement peut-être exacerbé des individus affectés par ces stimuli.

Essayons de répertorier les éléments qui peuvent troubler le comportement des personnes. Ces forces seront ressenties avec une intensité différente, de manière inattendue selon les individus.

À travers tous ces stimuli, essayons d'évaluer quels sont ceux qui dénaturent ou valorisent la qualité de l'homme en assortissant notre démarche d'exemples.

Le contexte environnemental

Égaré dans un univers qui le submerge, l'homme va s'imprégner d'idées formatées par le groupe.

Différentes forces vont le conditionner. Elles sont faites de partis politiques, du cercle réduit de ses relations bienveillantes ou perverses. C'est la foule qui l'entraîne, c'est son quartier, sa paroisse, son bistrot, son sport, son cercle. C'est là que vont se former les opinions les plus pointues.

Chaque société s'est forgé un standard de vie, une morale, une philosophie plus ou moins évoluée. Cette société impacte l'esprit, la manière de penser de chacun de ses membres et arrive à se les asservir.

On peut alors se demander en quelle mesure le raisonnement de chacun de ses membres conserve son autonomie et sa liberté.

Cela saute aux yeux quand on constate à quel point le peuple russe a pu perdre toute notion de bien commun, de liberté de l'autre au point de se soumettre comme un troupeau au diktat d'un être abject.

Chaque communauté, chaque être est imprégné des idées d'un leader ou plus largement d'un parti. Par un phénomène d'inertie, la communauté les suit et s'asservit. Cela est bien sûr encouragé par l'environnement professionnel. Dans nos sociétés s'est instauré, comme norme de vie, le travail, qui absorbe les gens et les assujettit pendant la majeure partie de leur journée active.

Que reste-t-il à l'homme comme temps dédié à penser ? Le temps a soudé ses habitudes et la partie affectée à la réflexion est réduite à la portion congrue.

Ce phénomène d'assujettissement est bien exploité par les experts de l'intrigue. Après son intrusion en Crimée l'ogre poutinien s'est empressé d'y importer des structures bien maîtrisées : uniforme à l'appui, histoire déformée et en quelques mois, la jeunesse locale va se transformer en adepte convaincu de l'appareil déshumanisé.

Ailleurs, refermée sur des banalités, la société s'est retranchée derrière un folklore puéril passant sous silence les questions essentielles.

Quand on s'égare dans les balivernes d'un micro-trottoir, on ne peut qu'être déçu par les arguments des quelques passants interrogés. Et de se dire que, pour eux, la voix d'un quidam dont les références sont le ouï-dire ou l'humeur du moment a autant de poids que le professeur d'économie qui essaie de penser le destin du pays.

L'endoctrinement

Le message peut être martelé jusqu'à convaincre et à endoctriner un groupe devenu l'adepte d'une utopie. Le passage à l'acte devient alors probabilité. L'exemple suivant est éloquent.

« La violente agression de l'adolescente de 14 ans à la sortie de son collège montre qu'en laissant des quartiers sous le joug islamiste, on donne un permis d'agresser les filles qui ne versent pas dans la religiosité ostentatoire. »

(Le Figaro Fatiha Boudjahla)

« Que s'est-il passé en 24 heures ? Le quartier l'a rattrapée. La patrouille islamique l'a rattrapée. C'est qu'elle doit pouvoir continuer à vivre dans ce quartier. Elle a osé aller dans le sens de ce que nous dénonçons : le communautarisme de sécession avec la République. Cette attaque sauvage était-elle la conséquence de la radicalité islamique des jeunes ? Mais quand l'excès devient la norme, on ne peut plus parler de radicalité. Il faut donner au quartier ghettoïsé des gages d'appartenance et de loyauté au groupe. C'est révélateur de la terreur et de la censure qui s'abattent sur la population de ces quartiers. » (Le Figaro Fatiha Boudjahla)

On peut cheminer à travers l'historique de l'agresseur de Samara et observer sa première éducation dans un contexte religieux fermé.

Puis il se retrouve dans un groupe qui a subi le même endoctrinement et une espèce d'émulation s'établit qui le pousse à exacerber les égarements du groupe.

Et pour amplifier encore son altération, les réseaux sociaux vont jouer un rôle néfaste.

C'est, en résumé, le drame d'un individu qui n'a pas intégré le pays qui l'a accueilli, écrasé par le poids de sa communauté, de sa famille, de son ghetto. C'est l'exemple d'une gentrification ratée quand ni l'école ni la société ne l'ont convaincu.

Sa place était-elle en France ?

L'emprise de personnalités transcendantes

C'est l'empreinte de l'un ou l'autre éducateur déterminé, d'un orienteur qui a laissé quelques traces, de l'exemple marquant de quelqu'un qui se dévoue ou meurt pour la patrie.

Arnaud Beltrame

C'est l'épisode d'une prise d'otage :

« Ce 23 mars 2018, Julie Grand, 39 ans à l'époque, vient de prendre son service quand Radouane Lakdim fait irruption dans le supermarché et la séquestre.

Cette mère d'une petite fille alors âgée de 3 ans se voit "mourir" [...]

Quand soudain une "voix claire et autoritaire se fait entendre". C'est celle du colonel Arnaud Beltrame qui hurle à ses hommes : "Vos gueules, reculez !

Je prends !" Le gendarme s'avance doucement vers le bureau et entame la discussion avec "le gamin". "On fait un échange ?", propose-t-il. [...]

Je veux juste, monsieur, que vous me preniez à la place de cette dame, c'est tout ce que je vous demande, vous aurez un otage gendarme et pas cette dame qui n'y est pour rien. [...]

On les fait sortir, mais vous me prenez comme otage à la place de la dame, on est d'accord [...] ? »

Julie Grand, *« surprise »* par la démarche de cet homme qu'elle prend pour un *« négociateur »*, a *« envie de lui hurler de ne pas faire cela »*. Elle décrit dans son livre *« un homme parfaitement professionnel »*, dont *« chaque mot est pesé, chaque geste mesuré »*. Radouane Lakdim finit par acquiescer, à condition que son interlocuteur lui donne son arme et retire son gilet pare-balles. Les cinq gendarmes battent en retraite, Arnaud Beltrame s'avance dans la pièce et Julie Grand en sort timidement. *« Je pars doucement »*, répète-t-elle à trois reprises. Radouane Lakdim lui demande de fermer la porte. Le piège se referme sur le lieutenant-colonel.

Le huis clos va durer plus de deux heures. Alors que Julie Grand est prise en charge avec le reste des survivants de l'attaque, l'antenne locale du GIGN arrive à 12 h 10 sur place.

Des négociateurs et la mère du terroriste tentent d'entrer en contact avec ce dernier. Il réclame la libération de Salah Abdeslam, l'un des auteurs des attentats du 13 novembre, et répète son souhait de mourir en martyr. À 14 h 16, alors que des renforts nationaux débarquent, la conversation est interrompue.

Des bruits de lutte et de cris parviennent du bureau et le gendarme hurle : *Attaque... Assaut, assaut.* Le terroriste est tué de quatre balles dans la tête. Arnaud Beltrame est grièvement blessé ; il succombera le lendemain à l'hôpital. (France Info – Catherine Fournier)

Les bénévoles venus des Flandres

C'est cette coopération spontanée et bénévole, lors d'une catastrophe, comme l'ont réalisé ceux venus des Flandres :

« Cinq mois après les inondations catastrophiques en province de Liège, des bénévoles flamands continuent d'aider les sinistrés wallons, au-delà de toute considération politique.

Seuls ou en groupe, l**es Flamands sont venus, puis revenus**. D'une à trois heures de route, quand même. Leur solidarité est devenue un authentique "feel good" de cette année 2021.

Tout le monde dans la vallée de la Vesdre vous dira que ce sont eux qu'on voit le plus, avec les **bénévoles de la Wallonie occidentale**. Chacun son style, à son échelle. » (Le Vif)

Un patron philanthrope

Quand, dans l'embarras de la recherche d'un job, un chef d'entreprise vous prend par la main, vous recommande auprès d'une organisation qui vous embauche pour un poste à responsabilité, même à la fin de votre vie, vous vous souviendrez de lui, vous l'honorerez et vous voudrez l'imiter.

Quand des animateurs d'un centre de jeunesse vous écoutent, vous conseillent, vous invitent à des rencontres psychologiques, ils représentent des jalons dans votre vie.

L'émulation

Tout au long de sa vie, l'homme se comporte comme un être ambitieux et insatisfait.

Il veut montrer qu'il surpasse les autres par sa force de lutteur, par sa fortune, par sa connaissance vraie ou feinte, par sa réussite politique ou sociale.

C'est le cas du coureur cycliste, du joueur de tennis qui, malgré toutes ses souffrances, veut atteindre un objectif souvent vain. Il veut viser un chrono qu'un jour il a approché et qu'il voudrait dépasser.

Ailleurs, on le découvre, jaloux de la position de son supérieur, avide de vacances fastueuses.

Cette pulsion va se manifester de manière diverse selon les individus : d'une manière acceptable, c'est une volonté d'émulation qui va l'inciter à surpasser l'autre en respectant les règles d'un jeu parfois extravagant. C'est quelqu'un qui sort du giron familial pauvre et veut faire fortune. Mais parfois d'une manière moins noble par l'intrigue, la colère, les manigances.

Mais, Dieu merci, il y a d'autres méthodes plus paisibles pour progresser. C'est l'effort de celui qui s'astreint à évoluer, étape par étape, ce qui va lui permettre d'acquérir une expérience variée à l'intérieur d'un groupe et qui le conduira à la maîtrise.

Un imprévu qui change la donne

Quand l'horizon de l'homme est limité à sa vie quotidienne, peut-il encore se rendre compte des enjeux qui se trament dans le monde ? Son intérêt à courte vue se borne au folklore, au plaisir, au pouvoir d'achat. En interprétant ce désintérêt, on comprend son repli sur soi, son égoïsme.

Au contraire de l'inertie, survient parfois une mutation spontanée de l'individu.

Dans chaque individu se fait jour, à un moment donné, un être différent, un Mister Hyde caché dont les réactions peuvent varier selon les individus et selon leur sensibilité.

Ce Mister Hyde peut être endormi dans une cellule lointaine du cerveau alors qu'il va se réveiller spontanément à l'occasion d'une émotion.

La réaction de l'individu va se manifester souvent lorsque survient un événement bouleversant. Le stimulus qu'a représenté la guerre a représenté un impulseur pour certains d'entre eux.

De Gaulle aurait-il atteint un destin égal si la guerre n'avait pas eu lieu ou serait-il resté anonyme ? Aurait-il pu être le héros que nous connaissons si le Reich n'avait pas envahi la France ?

C'est l'exemple de Charles de Foucauld qui, après une jeunesse dissipée, se dévoue et meurt pour le peuple algérien, puis qui fut béatifié.

Mais ce phénomène peut varier du meilleur vers le pire : le général Pétain a épargné son armée, le maréchal Pétain a pactisé avec le Reich. Le fond de lui-même était-il de sauver une population, mais dont le résultat a été en finale de perdre son identité. Et son égarement ultime fut de livrer les Juifs à la persécution. Quel fut le processus de cette dérive ?

Le ressenti du stimulus

Le stimulus est ressenti avec une intensité différente selon les individus. L'accident ou la mort d'un proche va affecter plus intensément le parent immédiat ou l'ami fidèle.

Une péripétie, même anodine, sera ressentie différemment selon les acteurs. Elle sera vécue avec une autre intensité en fonction de la sensibilité de la personne.

Rappelons-nous le suicide de Pierre Bérégovoy.

« Pierre Bérégovoy se considère, dans le mois qui précède et les jours qui suivent l'élection, responsable de la déroute de la gauche, incriminant également la politique du franc fort menée par Mitterrand. L'accusation publique qu'il considère comme injuste le heurte. Il tombe dans une dépression en février 1993, il confie à son proche collaborateur Olivier Rousselle son envie de “disparaître” en affirmant que “si je disparaissais, ça arrangerait tout le monde. Ce serait l'acte fondateur fort qui permettrait de tout laver" ; à son avocat Patrick Maisonneuve, il dit vouloir "partir très loin" et lui demande de s'occuper de ses enfants s'il venait à mourir. (Wikipédia)

Pierre Bérégovoy se fait conduire à l'écart de la ville, le long des berges du canal de la Jonction, où il apprécie aller marcher le week-end. Il demande à son chauffeur et à son garde du corps de le laisser seul. Moins d'un quart d'heure plus tard, vers 18 heures, son chauffeur et son garde du corps le découvrent inanimé. Il s'est tiré une balle dans la tête en utilisant le revolver Manurhin de calibre 357 Magnum qu'il avait subtilisé à son officier de sécurité dans la boîte à gants. » (Wikipédia)

Mais d'autres individus auront une réaction totalement différente : c'est Trump qui échappe miraculeusement à un attentat et qui se sert de cet événement pour s'en glorifier et bondir dans les sondages d'opinion lors de la course à la présidence américaine.

L'âge

Pour expliquer l'importance de ce facteur, commençons par découvrir les chiffres de la délinquance par âge.

« En 2019, 1,2 million de personnes ont été mises en cause par les forces de sécurité pour un crime ou un délit. En moyenne de 1,8 %, le nombre de mis en cause rapporté à la population évolue avec l'âge. Faible parmi les 10-14 ans (1,3 %), il culmine à 5,7 % chez les 15-19 ans et 4,6 % chez les 20-24 ans. Ensuite, il diminue régulièrement, passant sous la barre des 2 % à partir de 45 ans et sous celle de 1 % à 55 ans. » (Insee)

Les causes sont évidentes : parmi les principales, notons les motivations liées à la psychologie même de l'adolescent et à la fragilité qui caractérise ce stade du développement humain.

C'est le désir d'exploits, de faire montre, d'épater, aggravé par l'absence de balises que le système ne lui a pas inculquées.

Il y a des exactions propres à la jeunesse. Le drame du wheeling à Vallauris a concerné un individu de 19 ans.

Plus tard dans la vie de l'homme, ce phénomène s'estompe. Cela s'appelle la maturité. La perception que l'on a du monde n'est pas la même à travers les âges de la vie.

Et cela appelle plusieurs commentaires. Ils concernent l'encadrement, l'école dont le rôle est limité, le service militaire malheureusement disparu, les yeux d'une justice qui veut punir et le type de correction dont nous débattrons plus loin.

D'un autre côté, il y a des personnes qui atteignent leur fin de carrière et qui pourraient seulement valoriser leur savoir. Mais pour concrétiser ce vœu, la société devrait réformer son approche de leur travail. Quel meilleur guide ne peut-on trouver qu'un cadre plein d'expérience : il peut guider, former, conseiller. Cette fonction est totalement mise de côté aujourd'hui alors qu'elle peut constituer le lien pratique entre le monde de l'entreprise et ceux qui veulent y entrer.

En considérant toutes ses mutations, y a-t-il un moment où l'homme est mûr pour une fonction bien déterminée ?

On lui propose le droit de vote à 16 ans. A-t-il la maturité d'avoir vécu les points clés pour lesquels il doit s'engager ?

Et inversement, lorsqu'après une carrière parfois lourde, se discute l'âge de la retraite, les décideurs ne peuvent-ils comprendre que l'expérience d'un ancien pourrait être utilisée à former des gens plus jeunes pour ainsi valoriser son acquis et soulager sa fin de carrière ?

Les réponses sociales

La gentrification urbaine

La gentrification c'est l'embourgeoisement d'un quartier plus pauvre dû « … à l'arrivée de catégories sociales plus favorisées qui réhabilitent certains logements et importent des modes de vie et de consommation différents. » (Wikipédia)

Le préalable à une vie sociale sereine dépend d'un environnement général pacifique qui favorise la cohabitation et évite la délinquance. Cette notion évoque avant tout la mixité et une formule est proposée par la gentrification.

Notons déjà que la gentrification est la solution qui aurait permis à New York d'abaisser son taux de criminalité.

Au niveau d'une ville, des études ont montré qu'en favorisant la venue d'habitants plus favorisés dans des quartiers qui le sont moins on assure un brassage des mentalités et une meilleure compréhension entre les franges de population. Il faut pour cela aménager l'habitat et inciter les résidents à cette mixité.

Pour illustrer cette solution, on peut citer l'expérience de gentrification vécue au niveau de Brixton, à Londres avant d'en extrapoler les résultats.

Brixton

« Que Brixton soit un quartier loué pour sa tranquillité par les classes moyennes aisées étonne, tant cette affirmation aurait semblé inconcevable, il y a quelques années.

Longtemps, en effet, le quartier a pâti d'une mauvaise réputation, issues des violentes émeutes de 1981 et de 1995 ou des règlements de compte sanglants liés à la drogue.

Devenu attractif pour de nouvelles populations, Brixton est devenu "fréquentable". Mais qu'en est-il réellement de la violence qui régit les relations entre les individus ? Quels sont les rapports de force dans cet espace où la mixité ethnique et sociale est fragile ? Il convient d'interroger les représentations sur l'insécurité émanant des différents habitants du quartier. [...]

À première vue, la violence s'est atténuée avec l'arrivée de nouvelles populations et l'introduction dans le quartier d'une diversité socio-démographique et ethnique. Cette enclave jamaïcaine, réputée périlleuse à traverser il y a dix ou quinze ans, est désormais une destination à la mode où bars et boîtes de nuit attirent les noctambules de toute la ville. Cependant, au-delà de cette image, la pacification est-elle réelle ?

Il est possible d'en douter. En effet, les taux de criminalité du *borough* montrent que la violence reste très présente sur le territoire.

Pourtant, selon les nouveaux venus, le quartier serait devenu agréable à vivre. S'y installer est un choix. Les nouveaux arrivants évoquent un véritable sentiment de bien-être urbain, ce qui génère des affirmations parfois paradoxales.

Les discours des habitants du quartier sur les émeutes de l'été 2011 sont éclairants. Deux discours opposés émergent en fonction de la situation sociale de chacun, laissant entrevoir en creux des perceptions différentes de la violence locale. Ainsi, un consensus relatif émerge dans les discours des populations gentrifiées. Les émeutes sont décrites comme non représentatives d'un quartier devenu "sûr". Ce discours va de pair avec une minimisation systématique du caractère violent des événements.

La culture jamaïcaine, une ressource symbolique pour les nouveaux arrivants !

Si les gentrifieurs semblent nier les réalités sociales des populations plus pauvres, ils valorisent, en revanche, la coexistence de différentes cultures dans le quartier. C'est sans doute parce que cette diversité ne remet pas en cause les formes de séparation sociale. La prégnance de la culture jamaïcaine à Brixton n'est, en effet, nullement synonyme de relations interclasses et interethniques, mais elle apporte une certaine valeur ajoutée à l'espace public et à la représentation qu'ont les gentrifieurs de leur propre habitat.

Cette transformation de la ségrégation socio-spatiale n'est permise que parce que cette nouvelle proximité demeure organisée par les gentrifieurs. C'est le cas à Brixton où l'on constate notamment une forte implication des élites dans la vie de quartier et dans des structures associatives telles celles du nouveau centre sportif. Il est également intéressant de noter que les antennes des partis politiques de la circonscription cherchent absolument (mais peinent) à trouver des représentants noirs ou issus de la communauté jamaïcaine.

Comme dans le cas du South End de Boston, l'ingérence des couches supérieures dans la gestion et le contrôle des espaces publics passe notamment par une politique de "bon voisinage" et de non-conflictualité.

La valorisation de la culture noire et jamaïcaine à Brixton semble être un moyen d'organiser la proximité sociale et ethnique : mettre en avant une image flatteuse de l'autre devient alors un moyen d'apprivoiser cette figure de l'altérité qu'on côtoie, mais qu'on ne connaît pas.

L'ouverture d'un centre d'archives de la culture noire dans le quartier est contemporaine au phénomène de gentrification, comme si la présence des gentrifieurs avait permis un véritable ennoblissement de la culture jamaïcaine désormais transformée en patrimoine institutionnalisé.

Ainsi, les gentrifieurs seraient de "bons voisins" : ils apprécient et louent la cohabitation sociale et ethnique. Alors que la violence est de fait le sort des populations les plus pauvres comme dans le cas des émeutes, elle n'entache pas le sentiment de sécurité des nouveaux arrivants. Nier cette violence pourtant prégnante dans le quartier semble s'apparenter à une stratégie indirecte de mise à distance des réalités sociales difficiles de ces espaces en pleine recomposition. Dès lors, on peut se demander si le fait de masquer la violence en favorisant la création du mythe d'une mixité sociale harmonieuse ne participe pas pleinement à l'augmentation des fractures sociales : masquer la violence de l'autre, n'est-ce pas une forme d'ignorance de sa réalité ? Et par extension, ignorer l'autre ne serait-il pas un moyen d'affirmer le poids d'une supériorité sociale ? » (Amélie Bertholet)

Ces évaluations totalement subjectives et contradictoires de la gentrification montrent que celle-ci a permis la coexistence, mais pas l'assimilation. Ce système a été largement supporté par l'intervention publique comme l'ouverture de terrains de sport.

Mais la conclusion majeure du récit précise que le nombre d'immigrés doit être strictement limité pour réussir l'assimilation.

Harlem

« Harlem a connu des heures sombres. Dans les années 1980, la fuite des Blancs de Manhattan, ainsi que de la classe supérieure noire que les récents gains des droits civiques avaient émancipée, a conduit à l'hyperghettoïsation de Harlem. [...]

Pour répondre aux problèmes de la ségrégation et de la pauvreté, l'Administration Koch développa tout d'abord un plan de construction de logements : démolitions, restaurations, nouvelles constructions étaient rendues possibles par un vaste patrimoine municipal accumulé au gré des faillites personnelles. Propriétaire de nombreux terrains, immeubles ou maisons, la ville avait ainsi une marge de manœuvre importante pour intervenir. De plus, la présence de nombreux terrains vacants permettait, dans un premier temps, de ne pas déplacer trop de population (excepté lors de la destruction des logements les plus insalubres). Ensuite, Rudolph Giuliani, dans les années 1990, a focalisé son attention sur la délinquance et les incivilités.

À l'âge d'or de la tolérance zéro, Harlem a littéralement été nettoyé : drogués, dealers, sans-abris, et même vendeurs de rue ont été victimes d'un harcèlement policier destiné à les déplacer de la voie publique. Ces méthodes brutales ont rendu la gentrification de Harlem possible.

Il fallait désormais attirer les classes supérieures, véhiculer la nouvelle image de Harlem et fournir des services plus adaptés à la nouvelle population. Ainsi, l'actuel maire de New York, Michael Bloomberg, grâce à des méthodes beaucoup plus douces, mais tout aussi efficaces, a assuré des conditions favorables aux promoteurs pour les attirer et c'est aussi sous son mandat que l'on a vu se développer un véritable marketing du quartier, autour de sa renaissance.

La diffusion d'une image positive de renouveau, qui allait à l'encontre des stéréotypes habituels sur le quartier, a permis d'avertir les classes sociales supérieures qu'elles étaient désormais bienvenues, désirées même, et qu'il y avait des affaires à saisir à Harlem. […]

Depuis lors, Harlem abrite l'une des plus prestigieuses institutions universitaires des États-Unis, et probablement du monde, Columbia University.

Alors que la présence de l'université est un atout majeur pour le quartier, son image, son attractivité et son dynamisme, il semble que le quartier ne bénéficie pas réellement de ces avantages et elle est la source de nombreux conflits depuis plusieurs décennies. En particulier, l'annonce de son projet d'expansion en 2003 a conduit à une accélération de la gentrification dans cette zone et provoqué une mobilisation citoyenne importante. […]

De nombreuses études montrent le rôle moteur des universités dans les quartiers en transition. En effet, en attirant une population avec des ressources plus importantes, des goûts et des modes de vie différents de ceux des populations locales, et, surtout, un renouvellement rapide de la population permettant une croissance forte des loyers, les universités sont souvent un acteur majeur dans la gentrification des quartiers. *A fortiori* quand elles détiennent, à l'instar de Columbia à Harlem ou de New York University […]

Les problèmes de violence ayant été réglés, il fallait ensuite améliorer les services, le commerce et le logement.

Ces développements sont nécessaires à Harlem et cela ne permet pas tellement aux élus d'adopter des positions radicales et de refuser des investissements potentiels. Par ailleurs, leur vision de Harlem inclut bien ces nouvelles classes sociales plus aisées et plus de mixité avec l'arrivée des Blancs. [...]

Comment concilier mixité sociale et développement économique ? Comment revitaliser des quartiers sans en exclure la population ou même détruire la communauté existante, sans traumatiser les habitants ?

Les débats et rivalités de pouvoir suscités par la gentrification de Harlem et de nombreux autres quartiers à New York et dans les grandes villes américaines posent la question fondamentale du droit à la ville.

Quelles sont les populations désirées et que faire des autres ? Tels sont les défis. » (Cairn – Charlotte Recoquillon)

L'immigration

S'il est altruiste d'accepter l'immigration, encore faut-il que les émigrés acceptent les normes du pays qui les reçoit et cela soulève une sérieuse attention notamment parce que les résidents antérieurs risquent de perdre leur mode de vie.

Une première question que l'on est amené à se poser est la suivante : qui veut-on intégrer dans nos sociétés ?

Je reprends avec malaise la réplique d'un ministre de la Justice belge : « s'il n'y a plus d'immigrés, qui va faire le ménage chez moi ? ». Cela sous-entend quelle tranche de population étrangère est censée immigrer dans ce pays alors que le ministre se permet d'associer ces personnes intégrées aux tâches de bas niveau.

Le deuxième défi consiste à s'assurer que ces personnes sont intégrables. Et la grande inquiétude c'est que dans le cas contraire, vont se créer des ghettos à différents endroits avec la conséquence que des personnes ne seront plus intégrables et que celles-ci vont créer des quartiers qui seront loin d'intégrer notre manière de vivre.

La troisième question : quel est le nombre d'étrangers admissible pour permettre d'équilibrer les masses et d'assurer une intégration réussie ?

Et un dernier point inquiète : il y a bien sûr le devoir de protection internationale pour ceux qui fuient les pays dangereux. Cet objectif se doit d'être respecté, mais strictement limité à ce cas d'espèce, comme le préconise Hubert Vedrine.

L'autre face du problème est que nos pays sont eux-mêmes en pénurie de personnel qualifié parce que leur politique de formation n'a pas été à la hauteur. Ils appellent alors de la main-d'œuvre étrangère et de ce fait ils génèrent un déséquilibre non maîtrisé dans les deux populations.

Alors quid de la gentrification ?

On peut se douter que pour développer cette solution de manière acceptable, cela suppose le contrôle de l'État dans l'implantation des quartiers et leur mixité sociale.

« Chris Hamnett définit en 1984 la gentrification comme "un phénomène à la fois physique, économique, social et culturel. La gentrification implique en général l'invasion de quartiers auparavant ouvriers ou d'immeubles collectifs en dégradation par des groupes de classes moyennes ou aisées et le remplacement ou le déplacement de beaucoup des occupants originaux de ces quartiers. Cela implique la rénovation ou la réhabilitation physique de ce qui était auparavant un stock de logements très dégradés et son amélioration pour convenir aux besoins des nouveaux occupants. Au cours de ce processus, le prix des logements situés dans les quartiers concernés, réhabilités ou non, augmente fortement. Un tel processus de transition des quartiers implique en règle générale un certain degré de transformation des statuts d'occupation, de la location à la propriété occupante." La gentrification inclut donc une transformation de la population d'un quartier, mais également des logements qu'on y trouve et des flux économiques qui y passent 7. En 2003, Hamnett définit la gentrification comme un processus complexe incluant une amélioration des résidences, un glissement de la location vers la propriété, une augmentation des coûts et le déplacement ou remplacement de la classe ouvrière par les classes moyennes » (Wikipédia)

La gentrification est possible seulement si la population favorisée reste largement supérieure au groupe à assimiler. Une immigration importante qui refuse de s'assimiler risque de ne pas satisfaire à cette condition et les îlots non assimilés auront le pas sur l'homogénéité. On le constate dans les grands immeubles où toute une population immigrée s'est installée et où l'assimilation est compromise.

Au niveau d'une ville

Au stade local, on pourrait ainsi imaginer une réimplantation de citoyen de classe moyenne dans des quartiers difficiles tout en leur proposant une infrastructure sécurisante : Installation policière, surveillance du quartier, évacuation des individus les plus dangereux, commerce incitant à la mixité.

Une politique qui viserait à la gentrification d'une commune devrait avoir éradiqué les foyers de délinquance, mais surtout avoir organisé le suivi cohérent de ces délinquants de manière à éviter la récidive. Opération coup de poing pour le disloquer, mais assurer le suivi évitant la réinstallation postérieure.

C'est alors une méthode sociale de permettre la cohabitation de population à revenu modeste et de nouveaux arrivants plus fortunés par exemple en attribuant aux résidents un système de revenu de base permettant cette égalisation.

C'est aussi une vue architecturale permettant cette mixité qui mélange une sécurisation et un habitat attractif.

Le concept d'intégration

Le projet de gentrification peut être étendu à d'autres domaines sous différentes formes.

L'école en constitue le premier exemple et plus encore quand l'uniforme favorise cette égalisation.

Ce sont les agrégats de jeunes de milieu divers dans des centres de vacances ou d'internat.

On peut pousser plus loin cette démarche en insérant dans des milieux plus stabilisés de jeunes délinquants en phase de réintégration sociale.

On peut penser au rôle de l'armée pour assurer dans certains cas cette réintégration contrôlée.

L'accompagnement (coaching)

Betty

Nous étions les enfants des Cailloux, orphelins de guerre pour la plupart, mais d'autres d'entre nous étaient venus d'autres horizons aussi. Bien sûr, nous étions loin d'être des enfants délinquants. Mais parmi nous, des caractères différents se mêlaient. Je me souviens de ces organisations en groupe : les pionniers, les oursons, etc., encadrés par des moniteurs remplis de bonne volonté, rodés à aplanir les conflits. Chaque semaine étaient organisées dans le grand hall du château ces réunions, assis en cercle.

De temps à autre dans l'année nous rencontrions en tête-à-tête l'un ou l'autre psychologue. Ils évoquaient notre avenir, le passé, les règles sociales.

Nous nous sommes essayés au théâtre, à la littérature, à la sculpture. De temps à autre, nous côtoyions l'une ou l'autre personnalité.

Cette mixité, l'attention de nos moniteurs et les activités proposées ont représenté pour moi l'idéal d'une intégration sociale qui, au départ du drame qu'avait représenté la perte de nos parents, nous avait amenés vers un horizon plus serein.

PMS, orientation professionnelle
Forem ou Pôle Emploi

C'était au cours de mes premières activités professionnelles qui concernaient la gestion de centres psychomédicosociaux. En tant qu'observateur, j'étais invité à découvrir une séance d'orientation professionnelle à Neufchâteau. Mon hôte, A. L., psychologue chevronné, avait dispersé sur la table des blocs de bois. Il invite alors le jeune garçon à les assembler. Tout en observant l'habileté du jeune homme à organiser tous ces objets, A. L. me fait part de ses réflexions et conclut que cette personne était vraiment douée pour un travail manuel compte tenu de son habileté indéniable. Et de l'encourager dans cette orientation professionnelle.

Au cours d'autres observations et du dialogue avec les conseillers des centres PMS, j'ai pu découvrir les subtilités de leur mission qui au départ de l'analyse de classe et de leurs recommandations aux enseignants consistait également à orienter chacun des étudiants engagés dans la dernière année de leur cursus. Leurs recommandations s'appuyaient surtout sur le profil psychologique de l'étudiant. Au cours de nos discussions, je leur faisais souvent observer qu'ils négligeaient les besoins du marché de l'emploi appliqués à l'orientation qu'ils leur proposaient. Mais leur réponse éludait le problème en souhaitant qu'au final chacun trouve sa voie.

Plus tard encore, au cours d'une autre activité dans laquelle j'avais acquis une certaine expérience, j'étais invité par notre service club, la Table Ronde, à jouer un rôle de témoin pour de jeunes étudiants en quête d'orientation. Nous, les conseillers, disposions chacun d'une table d'accueil et ces jeunes en fin de cursus scolaire venaient nous interroger sur la spécialité qui était la nôtre. Nous en évoquions les difficultés, l'avenir, l'attrait de notre profession. Nous avions pu d'une certaine manière éveiller leur intérêt et constituer la première esquisse d'une carrière particulière, la nôtre.

Comment revisiter cette mission d'orientation professionnelle, aujourd'hui dévolue à Pole Emploi ?

Si vous prenez un chômeur par la main et si vous l'amenez à un poste qui convient à son profil, il y a beaucoup de chances qu'il acceptera de poursuivre l'engagement.

Si vous multipliez cette opération par le nombre de chômeurs qu'il y a dans le pays, il y a de grandes chances que vous améliorerez le taux d'emploi national.

L'objectif d'une politique d'emploi devrait être de faire correspondre la masse des demandeurs d'emploi aux besoins des employeurs et de proposer les rouages pour sa mise en œuvre.

Les conseils prodigués par les centres d'orientation ou autres se focalisent surtout sur le profil des étudiants, futurs travailleurs, sans véritable adéquation avec les besoins concrets du marché de l'emploi.

Inversement, des organismes comme Pôle Emploi émettent des séries d'emplois disponibles, mais impersonnels, imposant aux demandeurs de faire quantité de démarches fastidieuses et souvent infructueuses.

D'autre part, des entreprises lancent des offres dans les médias qui leur conviennent de manière totalement dispersée et entendent filtrer les postulants selon leurs critères.

Serait-ce si compliqué de construire, au niveau du pôle emploi, des cellules de gestionnaires attentifs qui écoutent, suggèrent et évaluent les souhaits des demandeurs individuels et qui d'autre part se fassent agréer par les employeurs en les invitant à utiliser leur canal de recrutement ? D'anciens cadres d'entreprise à la retraite pourraient jouer ce rôle.

Ces mandataires prendraient le relais des recruteurs pour assortir les profils et compétences des demandeurs qu'ils connaissent aux fonctions disponibles.

Et l'outil nécessaire pour réaliser cette concordance existe aujourd'hui, il s'appelle l'Intelligence Artificielle.

La carrière

Que représente un plan de carrière et qui s'en préoccupe ?

Rappelons-nous la motivation des Compagnons du Tour de France qui, au cours des temps passés, s'affairaient autour de leur chef-d'œuvre et cheminaient de ville en ville pour se former aux différentes techniques des maîtres, ambitionnant de le devenir eux-mêmes.

« Le Tour de France du compagnonnage est une institution traditionnelle d'apprentissage et de formation aux arts et métiers manuels et techniques. Il y a un périple que fait l'aspirant compagnon chez des maîtres, qui lui transmettent leurs connaissances et leur expérience du métier. » (Wikipédia)

Dans d'autres temps, ceux de la mécanisation, l'ouvrier exécutait le même job du début à la fin de sa carrière et si aujourd'hui cela peut convenir à certains résignés, pour la plupart, la vision à terme de leur carrière est disparue. L'entreprise qui embauche a-t-elle cet aspect des choses à l'esprit ?

Si un rien d'ambition motive l'employé, celui-ci va rechercher un avancement. L'un va s'attendre à une augmentation salariale, mais l'autre visera une progression dans la hiérarchie. Et si l'entreprise ne s'est pas rendu compte de ce phénomène, alors le travailleur va chercher ailleurs son épanouissement. Le premier objectif auquel devrait s'astreindre un DRH serait de garantir un plan de progression concerté avec les travailleurs et d'autre part d'assurer leur motivation en valorisant les tâches qui leur seront assignées.

Si l'entreprise a proposé ce plan de carrière, alors on va retrouver au fil du temps une personne qui domine sa fonction et qui, au lieu de rester un exécutant passif, pourra devenir un formateur pour les jeunes entrants.

Cela résout le problème du travailleur épuisé en fin de carrière. Le rôle de l'entreprise consiste dès lors en une passation du flambeau qui allège la charge du senior et facilite l'intégration du jeune engagé. L'entreprise pourrait ainsi former ses formateurs.

Cela permet d'imaginer une formation interne. Alors que l'entrepreneur se lamente de ne pas trouver des personnes qualifiées, ici c'est l'entreprise elle-même qui les qualifie.

Pour illustrer les aléas de la formation, j'évoquerai mon expérience professionnelle : la fonction administrative qui m'était proposée au départ n'était pas formelle, elle s'est dessinée au fur et à mesure des circonstances, au gré des besoins qui évoluaient. Au fil du temps, j'ai dû maîtriser des technologies qui naissaient à l'époque. Et parce que celles-ci requéraient certaines compétences de base, l'entreprise m'a invité à poursuivre plusieurs sessions de formation.

De sorte qu'au départ d'une activité assez conventionnelle, le hasard m'a porté vers un destin totalement différent passant par une étape dans la conduite d'un département d'EDP pour ensuite créer ma propre entreprise d'informatique.

Je pars de cette expérience pour épingler la manière avec laquelle les entreprises gèrent leurs cadres en faisant appel à des personnels formés ailleurs plutôt que de les initier elles-mêmes à leurs méthodes particulières.

Ce qui est important pour une entreprise n'est pas de trouver quelqu'un formé par un organisme externe, mais de s'attacher des personnes de bons profils qu'elle formera soit par son personnel expérimenté soit en complétant ses compétences au fur et à mesure des besoins par une formation nécessaire.

Mais que représente le travail sous son aspect philosophique ? Il est passionnant de lire ce qu'en pense Simone Weil :

Et pourtant rien au monde ne peut empêcher l'homme de se sentir né pour la liberté. Jamais, quoi qu'il advienne, il ne peut accepter la servitude ; car il pense. Il n'a jamais cessé de rêver une liberté sans limite, soit comme un bonheur passé dont un châtiment l'aurait privé, soit comme un bonheur à venir qui lui serait dû par une sorte de pacte avec une providence mystérieuse. [...]

La liberté parfaite ne peut pas être conçue comme consistant simplement dans la disparition de cette nécessité dont nous subissons perpétuellement la pression ; tant que l'homme vivra, c'est-à-dire tant qu'il constituera un infime fragment de cet univers impitoyable, la pression de la nécessité ne se relâchera jamais un seul instant. Un état de choses où l'homme aurait autant de jouissances et aussi peu de fatigues qu'il lui plairait ne peut pas trouver place, sinon par fiction, dans le monde où nous vivons [...]

Au reste, si l'on examine cette fiction de près, il n'apparaît même pas qu'elle vaille un regret. Il suffit de tenir compte de la faiblesse humaine pour comprendre qu'une vie d'où la notion même du travail aurait à peu près disparu serait livrée aux passions et peut-être à la folie ; il n'y a pas de maîtrise de soi sans discipline, et il n'y a pas d'autre source de discipline pour l'homme que l'effort demandé par les obstacles extérieurs. Un peuple d'oisifs pourrait bien s'amuser à se donner des obstacles, s'exercer aux sciences, aux arts, aux jeux ; mais les efforts qui procèdent de la seule fantaisie ne constituent pas pour l'homme un moyen de dominer ses propres fantaisies. Ce sont les obstacles auxquels on se heurte et qu'il faut surmonter qui fournissent l'occasion de se vaincre soi-même. [...]

On peut entendre par liberté autre chose que la possibilité d'obtenir sans effort ce qui plaît. Il existe une conception bien différente de la liberté, une conception héroïque qui est celle de la sagesse commune. La liberté véritable ne se définit pas par un rapport entre le désir et la satisfaction, mais par un rapport entre la pensée et l'action ; serait tout à fait libre l'homme dont toutes les actions procéderaient d'un jugement préalable concernant la fin qu'il se propose et l'enchaînement des moyens propres à amener cette fin.

Peu importe que les actions en elles-mêmes soient aisées ou douloureuses, et peu importe même qu'elles soient couronnées de succès ; la douleur et l'échec peuvent rendre l'homme malheureux, mais ne peuvent pas l'humilier aussi longtemps que c'est lui-même qui dispose de sa propre faculté d'agir. Et disposer de ses propres actions ne signifie nullement agir arbitrairement ; les actions arbitraires ne procèdent d'aucun jugement, et ne peuvent à proprement parler être appelées libres. Tout jugement porte sur une situation objective, et par suite sur un tissu de nécessités.

L'homme vivant ne peut en aucun cas cesser d'être enserré de toutes parts par une nécessité absolument inflexible ; mais comme il pense, il a le choix entre céder aveuglément à l'aiguillon par lequel elle le pousse de l'extérieur, ou bien se conformer à la représentation intérieure qu'il s'en forge ; et c'est en quoi consiste l'opposition entre servitude et liberté. Les deux termes de cette opposition ne sont au reste que des limites idéales entre lesquelles se meut la vie humaine sans pouvoir jamais en atteindre aucune, sous peine de n'être plus la vie. [...]

Un homme serait complètement esclave si tous ses gestes procédaient d'une autre source que sa pensée, à savoir ou bien les réactions irraisonnées du corps, ou bien la pensée d'autrui. (*Simone Weil, Réflexions sur les causes de la liberté et de l'oppression sociale [1934]*)

Le rôle des anciens, le tutorat

En considérant toutes ses mutations, il y a-t-il un moment où l'homme est mûr pour une action bien déterminée. On lui propose le droit de vote à 16 ans. A-t-il, à cet âge, la maîtrise des points clés pour lesquels il va s'engager ?

Et lorsqu'après une carrière parfois lourde, on discute de l'âge de la pension, les décideurs ne peuvent-ils comprendre que l'expérience du senior peut être utilisée à former des gens plus jeunes et ainsi valoriser son acquis et soulager sa fin de carrière ?

Le rôle des profils expérimentés suscite de nombreux débats. Certains employeurs plaident pour une relève accélérée au profit de la génération montante. Mais d'autres défendent mordicus le recours à des collaborateurs matures.

« Le début de l'année 2024 n'a rien changé par rapport à fin 2023 : on parle toujours autant de la place des seniors dans l'entreprise, ou plus exactement de leur absence de place. Avec des problématiques aussi récurrentes que préoccupantes, stimulantes et/ou dynamisantes : comment manager ces salariés expérimentés ? Comment les garder motivés ? Comment apaiser leurs relations parfois tumultueuses avec des éléments plus jeunes au sein des organisations ?

Face à toutes ces questions, les dirigeants d'entreprise sont très attendus, d'autant plus qu'ils sont nombreux à s'interroger sur la véritable valeur ajoutée des seniors. » Benoît Durand-Tisnes apporte des réponses. Il pilote Wayden, un spécialiste du management de transition, et décline cinq bonnes raisons de faire confiance aux seniors.

Expérience et expertise

Le poids des années correspond à une accumulation des acquis. *« Les seniors apportent une richesse d'expérience et de connaissances accumulées, essentielles dans des secteurs où l'expertise technique et/ou sectorielle est cruciale »*, résume Benoît Durand-Tisnes.

L'intéressé prend l'exemple d'un domaine comme la finance où un profil en place depuis longtemps sera plus à l'aise pour naviguer sur des marchés volatils, grâce à sa compréhension approfondie des tendances économiques et des systèmes de régulation financière.

Résilience face aux changements

Ayant souvent vécu plusieurs cycles économiques de même que des mutations organisationnelles, les seniors apportent une sérénité bienvenue au cours des périodes de transformation, enchaîne Benoît Durand-Tisnes, *ils sont passés par là et savent que ces périodes peuvent ouvrir des perspectives.*

Cela tombe bien, plus aucune entreprise n'est à l'abri des phases de réorganisation : aujourd'hui, les sociétés sont en proie pêle-mêle aux innovations technologiques, à l'intensification de la concurrence, aux opérations de rapprochement ou encore à la pression des actionnaires.

Un cadre senior pourra faciliter l'intégration de ce process grâce à son approche pragmatique des risques et des limites à ne pas dépasser, nourrie par ses expériences antérieures. (Benoît Durand-Tisnes)

Moralité : il ne se laissera pas impressionner par les formes de rupture technique qui se présentent et qui sont susceptibles de désarçonner des éléments plus jeunes.

Mentorat et transmission du savoir

Le passage de relais est une étape à soigner dans les entreprises. Là encore, cela tombe à point : les seniors jouent un rôle clé dans le mentorat et dans la formation des jeunes générations, pour peu que les décideurs leur laissent une marge de manœuvre dans ce double registre.

Dans l'industrie aéronautique par exemple, les ingénieurs seniors peuvent transmettre des connaissances spécifiques sur les technologies de pointe, ils garantissent que des compétences essentielles sont préservées au sein de l'entreprise, souligne Benoît Durand-Tisnes.

Stabilité et fiabilité

Si les jeunes sont enclins à changer d'emploi en début de carrière, ce n'est pas le cas des seniors qui cherchent surtout à rester implantés.

Or on sait à quel point la rotation de la génération montante représente un problème pour les employeurs. (Benoît Durand-Tisnes)

Les seniors sont donc à même de renforcer le sentiment d'ancrage de l'entreprise.

Par exemple, dans le secteur des services, un manager senior apporte une forme de continuité dans la gestion de la clientèle et des projets ; il minimise d'autant les perturbations dues au roulement des personnels. (Benoît Durand-Tisnes)

Réseau professionnel étendu

Au fil des années, les seniors ont appris à se constituer un réseau – entre les clients, les partenaires, les experts. C'est un acquis que nul ne leur contestera. Ce maillage densifié est l'un des éléments qui permettent d'ouvrir des portes, notamment dans le domaine commercial.

Prenons l'exemple d'une entreprise de consulting, termine Benoît Durand-Tisnes, *un consultant senior pourra utiliser son réseau pour relier l'entreprise à de nouveaux marchés et élargir sa base de clientèle.* Bref, les seniors ont encore des cartes en main. (Le Figaro, Frédéric De Monicault)

La déviance

On peut rêver d'un monde idéal. Malheureusement, c'est une utopie et ce qu'on a vu précédemment nous montre que les embûches sont multiples et que les délinquants sont nombreux.

La société doit alors appliquer des mesures de correction. Encore faut-il qu'elles orientent le délinquant vers un mieux.

Alors, attardons-nous un peu sur ce monde marginal et essayons de le comprendre à nouveau.

La justice, la prison et ses alternatives

Le paradoxe est que le nombre de personnes incarcérées a explosé. Faut-il trouver l'explication dans le fait que la société est de plus en plus violente ou tout simplement parce que la justice condamne de plus en plus et pourquoi ?

Pourquoi observe-t-on la contradiction qu'un délinquant primaire est relâché dans l'heure et qu'un condamné, étrangement, passe autant de temps en cellule ?

Pourquoi tant d'instances s'acharnent-elles à juger, condamner, laisser croupir des détenus dans différents établissements alors qu'une analyse psychologique aurait pu les corriger ?

Et là où le constat est interpellant c'est d'entendre que le nombre de condamnés à la prison explose.

Ces condamnés sont confinés dans des prisons anciennes surpeuplées dans un contexte où le suivi psychologique est impossible.

« Malgré les bonnes intentions affichées et certains projets-pilotes intéressants développés en Flandre, le manque de vision à long terme du ministre pour remédier notamment aux trop nombreuses incarcérations surpeuplant encore et toujours les établissements pénitentiaires, les conditions déplorables de détention des personnes internées ou détenues et, plus globalement, le manque de sens donné à la peine et à l'incarcération, sont interpellant. » (Laïcité Magazine)

Au-delà des conditions de détention, je suis stupéfait de lire ailleurs que le sort d'un détenu devrait dépendre de l'avis des victimes :

« Il faudrait tenir compte de l'accord de la victime pour appliquer la peine et pour permettre de le libérer ensuite. »

Or ce que l'on juge c'est bien la responsabilité du délinquant et la peine ne doit pas être subordonnée au désir de vengeance de la victime ni en fonction des dommages qu'il a commis.

« **Parlons des victimes. La mise en application d'une peine alternative ne les prive-t-elle pas de l'apaisement qu'elles sont en droit d'attendre après avoir souffert ? »**

[…]

On a vu qu'après l'émoi provoqué par la sortie de Michèle Martin (NDLR, épouse de Marc Dutroux), le législateur a directement pris des mesures pour restreindre les possibilités de libération conditionnelle de certains types de détenus. Ces paramètres conduisent à des alternatives dont la lisibilité est parfois difficile. On sait par exemple que la libération conditionnelle est ce qui se fait de plus efficace en matière de resocialisation. Et pourtant, son octroi a été systématiquement raboté au fil des ans.

Pour Damien Vandermeersch, Avocat général à la Cour de cassation en Belgique, « il est essentiel que les victimes s'émancipent à un moment donné de l'auteur de l'infraction qu'elles ont subie. C'est le principe de la résilience. *Par ailleurs, ce qui apparaît souvent comme essentiel pour les victimes, c'est le risque de récidive. Et force est de constater que la prison engendre un risque important de récidive ».*

Autre sujet d'incompréhension :

Mineur, il était accueilli dans un centre de protection, mais dès qu'il atteint ses 18 ans, il est viré dans une prison.

« De son côté, N, le jeune détenu de Lantin, se souvient aujourd'hui presque avec nostalgie de son passage à Saint-Hubert :

Là-bas, le personnel était présent pour m'aider. Même s'ils ne sont pas suffisamment équipés pour aider chaque jeune dans tous les aspects (familial, psychologique, administratif...), je me sentais soutenu moralement. En prison, le premier sentiment que j'ai eu, c'était de me sentir abandonné. »

« Ces constats contrastent avec la réalité des institutions publiques de protection de la jeunesse (IPPJ) – qui relèvent de l'aide à la jeunesse, une compétence communautaire – où sont placés des mineurs ayant commis un fait qui, s'ils étaient majeurs, serait qualifié d'infraction.

À 18 ans, changement de décor : la même infraction commise les conduira du jour au lendemain dans le giron, fédéral cette fois, de la justice. Entre les deux niveaux de compétence, pas de transition, pas de transmission. Ce qui pousse certains à se demander s'il ne faudrait pas créer un nouveau type de structure, un "entre-deux" ou un accompagnement spécifique des jeunes délinquants majeurs. » (Alter-Echos)

***

La justice expéditive

Le droit est la plus puissante des écoles de l'imagination. Jamais poète n'a interprété la nature aussi librement qu'un juriste la réalité. (Jean Giraudoux in *La guerre de Troie n'aura pas lieu*)

***

Quand se dessine l'emblème de la justice dotée d'une balance bien équilibrée, cette image serait-elle un trompe-l'œil ?

Faut-il accepter qu'un corps d'état puisse s'arroger un pouvoir aussi considérable que de disposer d'une partie de la vie d'un homme, en vertu de je ne sais quelle délégation ? Oui, bien sûr, les délinquants ont fauté. L'ont-ils fait de manière intentionnelle et répétée ? L'ont-ils fait parce que leur milieu les y a entraînés ?

Plus loin encore devrait-on s'interroger sur la notion de vengeance que représente la peine plutôt qu'une solution de redressement de l'individu fautif.

Dans son arrêt, le juge va-t-il statuer sur le sort du délinquant en fonction d'un remords simulé que lui aura suggéré son avocat ? Scène théâtrale s'il en faut.

Va-t-il trancher en fonction du dommage occasionné ? De toute façon, la peine est aléatoire et inutile.

De quel outil dispose le magistrat pour estimer la responsabilité de l'individu en face de lui ?

Quel est le but profond de cette même instance en condamnant tel ou tel individu ? Venger, protéger la société, amender le délinquant ?

Quel est l'intérêt de condamner quelqu'un qui, harcelé, à un moment donné a perdu la tête, alors que plus loin dort un criminel en puissance qui attend de perpétrer son forfait ?

Et lorsque, dans un procès d'assises, le juge se décharge symboliquement de la fonction de qualifier le crime et de le pénaliser, il aura recours à un groupe de jurés profanes en matière juridique, peut-être émotifs et irrationnels, qui vont jouer une comédie qu'ils maîtrisent mal. Alors qu'il eût fallu faire appel à une conscience universelle la plus impartiale possible. L'Intelligence Artificielle y serait peut-être mieux appropriée.

De toute manière, ce système ne résout rien, ni le dommage causé, ni la rédemption du délinquant, ni la protection de la société lors de la libération d'un individu meurtri.

Qui peut savoir si après une mesure de correction ce même malfaiteur, remis en liberté, va récidiver ?

Retour encore sur l'institution judiciaire pour laquelle je m'interroge, au-delà du nombre de magistrats et policiers en sous-effectif annoncé, comment elle envisage de faire rentrer dans le rang les délinquants qu'elle aura condamnés ?

La science et la psychologie ne garantissent rien et cela constitue leur pire défaut.

Elles prennent pour base l'historique de cas similaires et elles jouent sur la probabilité d'une réaction identique. Mais qui peut entrer dans la peau d'un voleur, d'un meurtrier, d'un terroriste ?

Le cas de Dutroux est particulièrement révélateur. Au bout de nombreuses années de réclusion, il ne se rendrait toujours pas compte de son état anormal.

Si l'on attend de l'individu qu'il devienne un être social, il convient d'évaluer la probabilité de l'amender.

Or chaque personnalité est d'une versatilité continue et on ne sait pas si quelqu'un de profondément mauvais va s'amender ou s'il reste définitivement asocial.

Plus loin encore devrait-on s'interroger sur l'opportunité de la peine de prison dans l'arsenal de justice.

Les récits révélés par la TV ont cela d'intéressant qu'ils nous plongent dans les arcanes de ce monde particulier.

J'ai relevé l'image de cette juge d'un tribunal français qui, après quelques évaluations rapides de l'un ou l'autre délinquant, l'envoie en prison pour parfois quelque deux ans. Mais, je m'interroge, a-t-elle jamais, elle-même, pénétré cet établissement ?

Il n'est pas étonnant que les structures pénitentiaires soient submergées si cette pratique est exercée avec une telle régularité ?

Je redis mon inquiétude en m'attardant sur ce reportage télévisé et en étudiant le jeu de ce magistrat qui juge de façon sommaire le délinquant qui a détruit, volé, violenté et qui pour toute réponse sociale envoie cette personne dans un lieu clos ou selon toute vraisemblance il va ruminer sa vengeance. Cela n'a rien résolu et le délinquant, une fois libéré, deviendra un récidiviste perpétuel.

J'ai relevé la réflexion d'un juge à la retraite selon laquelle 80 % des gens qui se trouvent en prison ne devraient pas y être. Peut-on lui faire remarquer qu'il en a été probablement un des pourvoyeurs ? L'autre souci est qu'il ne propose pas d'alternative concrète.

Or il en existe et j'évoque le principe d'intégration c'est-à-dire de baigner les déviants dans un contexte qui les normaliserait socialement.

Un autre reproche que l'on peut épingler à l'encontre de cette décision pénale c'est le manque d'attention sur l'aval de la détention.

D'autre part, est-il impensable d'extrapoler le résultat d'une décision judiciaire sur l'encombrement du potentiel carcéral ? Ne faudrait-il pas que le système contrôle d'abord la disponibilité de places dans les maisons de rétention avant d'y envoyer des gens purger une peine ? Si, contre tout bon sens, on se confine à cette incarcération, il serait logique que le juge mesure l'incidence de la durée des peines prononcées sur les disponibilités carcérales et calibre ses peines en fonction de ces disponibilités.

Comment interpréter l'autre dérive du système, conséquence de la précédente qui sature les lieux de rétention : bien souvent lorsqu'il est appréhendé, le mineur est relâché dans la journée.

Encore une fois, on se heurte à cette embûche, celle de la prison surchargée qui représente la panacée de la justice.

L'assignation à résidence est-elle une alternative ?

Outre la prison, les conclusions des juges sont parfois insolites. Il est, par exemple, assez surprenant d'assigner quelqu'un à résidence pendant des semaines alors qu'au contraire le condamné a besoin d'un environnement éducatif. Les méthodes anciennes qui consistaient à envoyer les délinquants dans une île lointaine étaient inhumaines à cause des conditions de détention. Par contre si ce lieu de détention était humanisé et assorti d'une aide psychologique comme le montre l'expérience de Bastøy, détaillée plus loin, cela constituerait une solution plus logique.

Pour Damien Vandermeersch, la surveillance électronique est une peine restrictive, mais n'est pas vraiment une peine alternative.

La peine alternative doit se faire dans une démarche d'accompagnement, un dispositif qui doit être conditionnel et qui amène la personne à devenir actrice de son comportement et de son devenir. C'est un travail d'alternative crédible qui se fait avec les assistants de justice. Dans ce cas-ci, ce n'est pas simplement neutraliser la personne, mais travailler sur la prise de conscience, et la remise en question. Mettre les gens en prison ou sous bracelet sans rien faire à côté, ça n'apporte pas grand-chose.

Le TIG (le travail d'intérêt général)

« Il consiste en un travail non rémunéré au sein d'une association, d'une collectivité ou d'un établissement public. L'idée de son père fondateur, le garde des Sceaux Robert Badinter était de proposer une sentence différente pour les auteurs de délits mineurs comme les infractions routières, l'usage ou la détention de stupéfiants, les outrages ou encore les vols… […] Et la philosophie est que ces infractions punies par la loi ne doivent "pas être synonymes d'exclusion de la société". "Ces peines en TIG ont vocation d'insertion, de prise de conscience et de valorisation du travail", souligne Hélène Chevalet, représentante de l'agence du TIG en Haute-Garonne qui réunissait mardi à Toulouse tous les partenaires du programme. Il présente des avantages qu'aucune autre peine ne réussit à réunir : sanctionner, réparer, insérer, prévenir et socialiser. "C'est une peine qui punit puisque le condamné travaille gratuitement, mais sa peine est surtout symbolique : il répare le tort fait à la société", précise-t-elle ». (20 minutes)

Quelques remarques paraissent utiles à propos de ce rapport :

• Il concerne seulement la personne des tuteurs et n'aborde pas le contexte du travail proposé.

• Le nombre de tuteurs est assez impressionnant et comporte un nombre important de bénévoles.

• Le rapport constate malheureusement le peu d'intérêt de la part de la justice dans le suivi des délinquants astreints aux TIG.

• Ce système s'applique à des peines allant jusqu'à 400 heures de travail.

Le TIG prend la forme d'un travail non indemnisé effectué au profit d'une personne morale de droit public (service de l'État, collectivité territoriale, établissement public), d'une personne morale de droit privé habilitée chargée d'une mission de service public, ou d'une association habilitée.

Beaucoup de ces tâches ont trait à des travaux d'entretien manuel, de manutention, etc., dans la proportion de 87 %

Cela permet-il d'apporter une aide à supplémentaire à l'emploi ? Peut-être, mais ce serait assez subsidiaire comme 12 % des sondés le croient.

En ce qui concerne le tuteur, il est assez remarquable que ce rôle soit exercé essentiellement par des personnes bénévoles.

Son profil : un homme dans la cinquantaine, 66 % d'entre eux ont au moins le baccalauréat, ils sont relativement expérimentés et plutôt isolés dans leur pratique. Selon leurs déclarations, plus de quatre sur cinq se sont portés volontaires pour exercer la mission de tuteur, soit en choisissant de jouer ce rôle d'eux-mêmes (18 %), soit parce qu'elle leur a été proposée (64 %).

Ils se déclarent motivés par une dimension plus humaine qu'institutionnelle.

Être tuteur de Tigiste est une mission avec un fort engagement. En effet, elle permet d'accompagner par le travail des personnes condamnées à une peine alternative à l'emprisonnement, travail dont ils n'ont pas toujours les codes. Elle vise aussi à leur donner la possibilité de reprendre confiance et de s'insérer dans la société, avec les nouvelles habiletés acquises par la personne pendant son TIG.

Ils seraient, en France, plus de 20 000 et couvriraient 43 000 tigistes. Mais la justice ne condamne qu'à 4 % de ce type de peines.

En quarante ans, le TIG a fait ses preuves. En effet, 34 % des personnes récidivent après une peine de travail d'intérêt général contre 63 % pour les personnes libérées en « sortie sèche » après la prison selon un rapport du Conseil économique, social et environnemental (CESE) datant de novembre 2019.

L'intégration des délinquants

En parcourant les travaux des différents auteurs, on constate la nature empirique et aléatoire des thérapies appliquées aux délinquants et criminels.

Ces chercheurs entreprennent tout d'abord de cataloguer l'anormalité du délinquant et, à la suite de cette analyse, d'en établir un pronostic tout à fait aléatoire quant à son résultat.

Cela laisse un doute quant à la pertinence de remettre dans la société ces différents délinquants et cela permet aussi de constater le nombre considérable d'intervenants : thérapeute, infirmier, juge d'application des peines, nécessaires pour mener à bien cette mission.

Une autre approche consisterait à concevoir un environnement qui, à la fois, permettrait un contrôle strict du délinquant tout en l'intégrant dans un groupe autorégulateur. Cela rappelle l'objectif poursuivi ailleurs par la gentrification et appliqué à travers les méthodes en vigueur à Bastøy.

Dans le cas présent, ce groupe cadrerait de façon soutenue l'ex-délinquant dans un climat plus régulateur que ce qu'il connaissait précédemment.

Une ébauche de solution a été amorcée à travers le système des « travaux d'intérêt général ». Une autre option consisterait à insérer le délinquant dans un groupe qui le réforme.

Imaginons un contexte militaire dans lequel les délinquants, incorporés et judicieusement répartis, pourraient progressivement se réformer sous la surveillance particulière d'une hiérarchie responsable.

***

L'objectif de cette confrontation des caractères est multiple.

Avant tout, il concourt à rendre l'individu sociable, en le rendant conscient du rôle qu'il joue dans la société.

Et si par malheur la déviance s'est installée à jamais, il convient de faire en sorte que le régime qu'on va lui appliquer lui soit tolérable.

Parcourons quelques expériences dans ce domaine

Centres fermés pour jeunes délinquants en Belgique

La Belgique ne possède pas dans ses prisons de quartier pour mineur. En *1981, le pays a fait le choix de se doter de centres fermés. Celui de Braine-le-Château est le premier à avoir été créé.*

Visite guidée.

« L'histoire de ce lieu nous fait remonter à 1952, année où la Belgique découvre, scandalisée, le traitement réservé aux mineurs accueillis à l'institution de Saint-Hubert au cœur de la forêt de l'Ardenne. Violence, humiliations et mauvais traitements y règnent en maître. Les auteurs des sévices seront condamnés et l'établissement fermé. Le gouvernement d'alors… renonce au principe même de l'enfermement des mineurs en milieu carcéral.

[…]

Mais un autre fait divers mettant en cause un enfant violent va changer la donne.

En 1981, alors que la Communauté française ne disposait plus de "*centre fermé*" depuis quelques mois, un adolescent de quatorze ans tue à coup de fusil son père, alors que ce dernier se met à nouveau à frapper sa mère.

[…]

Le ministre de la Justice prit alors la décision, le 3 juillet 1981, de créer une institution éducative fermée dont il exigea l'ouverture dans les semaines qui suivaient. C'est donc dans la précipitation que s'ouvrirent, aux abords de l'Institution publique de protection de la jeunesse de Wauthier-Braine, les deux sections de ce qui s'appela d'abord "*centre de rééducation*".

[…]

On est donc loin d'un enfermement sans limite ni fin. La moyenne du temps de séjour est de six mois.

[…]

La plupart des jeunes accueillis ont connu de multiples échecs. Trouver un adulte fiable et bienveillant avec qui établir un lien de confiance leur est peu courant. Tout est fait pour favoriser cette interaction. Les éducateurs qui travaillent ici fonctionnent dans une double dynamique relationnelle et sanctionnelle. Certes, ils participent à la contention des mineurs. Mais il leur est tout autant demandé de tisser une relation éducative. À l'arrivée du jeune, un éducateur référent est désigné pour s'occuper de lui dans sa globalité : c'est l'aide contrainte. Au bout de quelques jours, le mineur aura la possibilité de se choisir dans l'équipe éducative un second adulte qui partagera sa référence : c'est l'aide offerte.

[…]

Travailler ici requiert chez les adultes une authenticité et une grande disponibilité, mais aussi une capacité à l'empathie et à un investissement non tributaire du comportement du jeune. En fait, une fois passé le temps de la révolte contre le placement, certains jeunes réussissent à exprimer leur soulagement de trouver un cadre et un contenant à leur errance. Encore faut-il prendre le temps nécessaire pour permettre au lien de se tisser.

[…]

Une telle approche fait se hérisser bien des éducateurs en France, qui restent pour beaucoup convaincus qu'il s'agit là d'une concession inadmissible au répressif sur l'éducatif. » (Journal du droit des jeunes – Cairn Info 2005)

Mettray en France

C'était un centre de détention pour mineurs, créé au 19e siècle pour donner bonne conscience aux dignitaires de l'époque, mais avec une structure vue aujourd'hui comme un lieu de torture.

Pour Michel Foucault, la spécificité de Mettray c'est d'être « Le modèle où se concentrent toutes les technologies coercitives du comportement. […] Les chefs et les sous-chefs à Mettray ont à fabriquer des corps à la fois dociles et capables. […] Dressage qui s'accompagne d'une observation permanente […] les cadres avaient à vivre au plus près des colons […] Et pour les former eux-mêmes, on avait organisé, dans la colonie, une école spécialisée. […] ils étaient "soumis comme élèves à la discipline qu'ils devaient comme professeurs imposer plus tard" 14. » (Wikipédia)

Si on observe la défaillance des centres éducatifs pour jeunes, on y relève que l'encadrement a été dépassé. Il l'a été à l'époque de mettrai, le cadre est-il meilleur aujourd'hui ?

Le concept de Mettray est qu'il a utilisé la méthode brutale basée à nouveau sur la discipline, la coercition alors qu'il eut fallu écouter, dialoguer, raisonner, créer un plan de redressement avec l'interné.

Cela supposait aussi à la fois un nombre suffisant de personnes affectées à ce rôle et la formation de ces personnes au niveau psychologique. Encore une fois aujourd'hui, la formation des agents d'encadrement semble insuffisante et mal orientée. Ils visaient la discipline, ils devaient viser la guérison.

On démontre aussi que le nombre d'institutions est insuffisant et à la suite de cette carence, nombre de jeunes qui auraient dû être suivis sont relâchés dans la nature.

En décembre 2010, Jean-Marie Delarue, contrôleur général des lieux de privation de liberté, émet plusieurs critiques à l'égard de certains centres éducatifs fermés, notamment : des éducateurs insuffisamment formés à l'encadrement des mineurs, un « recours abusif, voire usuel, aux moyens de contrainte physique » ainsi que de « grandes variations » entre CEF concernant les soins médicaux et l'assistance psychologique des jeunes. En novembre 2013, Jean-Marie Delarue pointe à nouveau les disparités entre établissements et des « atteintes aux droits fondamentaux » dans plusieurs d'entre eux.

Si Mettray a été un échec, faut-il rejeter le concept ?

Un autre type de prison : Bastøy en Norvège

En partant des réflexions de Gabor Maté, médecin canadien et spécialiste des addictions, il s'avère évident que « presque toute la population carcérale a connu des problèmes de santé mentale ou est devenue sans domicile fixe, a subi des maltraitances ou des violences dans son enfance, a été toxicomane ou a grandi dans un foyer d'accueil. Les prisons sont devenues des enclos pour les membres les plus vulnérables de la société. »

« La première question à se poser lors du traitement d'un toxicomane, dit-il, n'est pas "pourquoi cette dépendance, mais pourquoi cette douleur". On pourrait en dire autant de ceux qui souffrent de sans-abrisme et de problèmes de santé mentale. Étant donné que la quasi-totalité de la population carcérale a souffert d'un ou plusieurs de ces problèmes, il est peut-être temps de reconnaître le traumatisme comme le facteur constant qui définit les personnes purgeant une peine. » (The Independent)

La prison est un échec sauf si on applique une approche différente « Si nous voulons vraiment réduire la criminalité, prévenir la récidive et diminuer la population carcérale, nous devons comprendre le lien entre les expériences négatives de l'enfance et les dysfonctionnements ultérieurs. » (The Independent)

Si l'on voulait donner la priorité à la réinsertion du délinquant, on devrait évoquer les solutions expérimentées par la justice norvégienne et qui inspirent pas mal de commentaires. Cela concerne la prison modèle de Bastøy.

« La Norvège possède le système pénitentiaire le plus progressiste au monde. Sa plus grande fierté est Bastøy, dirigé par le psychologue clinicien Arne Nilson. Avec seulement 16 %, Bastøy a le taux de récidive le plus bas de toutes les prisons d'Europe. En comparaison, 46 % des prisonniers britanniques récidivent dans l'année qui suit leur libération. Le secret, selon Nilson, réside dans la manière dont Bastøy traite ses détenus. "Si nous traitons les gens comme des animaux lorsqu'ils sont en prison, ils se comporteront probablement comme des animaux. Ici, nous traitons les gens comme des êtres humains." » (The Independent)

« Les autorités norvégiennes font souvent preuve d'exemplarité dans leurs modes de réponse aux actes de violence. À Bastøy, **les prisonniers ne sont pas traités comme des sous-hommes** : on leur propose de réapprendre le "vivre ensemble".

Pour cela, ils passent leurs journées à nettoyer les plages, travailler le bois, cultiver des potagers biologiques, pêcher ou élever des poules, moutons et vaches afin de subvenir aux besoins de l'ensemble des détenus. On leur donne la possibilité de faire du sport, d'apprendre un nouveau métier, et de réfléchir à leur vie après "la taule"… le tout dans un cadre naturel propice à l'introspection. » (Le Monde)

« En Norvège, la peine pour avoir commis un crime consiste à se voir refuser la liberté, et non à subir des conditions de détention dures et inhumaines. À Bastøy, les prisonniers ne vivent pas dans des cellules, mais dans des cabines qu'ils partagent avec un petit nombre d'autres détenus. On leur confie un travail utile et on leur apprend de nouvelles compétences. Ils cuisinent et mangent ensemble. » « On ne change pas les gens par le pouvoir », explique Nilson. « Ici, je respecte les prisonniers ; de cette façon, nous leur apprenons à respecter les autres.

La Norvège est une société libérale et progressiste. Les conditions de détention à Bastøy susciteraient sans aucun doute un scandale moral si elles étaient adoptées ici. On critique souvent le fait que Bastøy ressemble plus à un camp de vacances qu'à une prison. La vérité est que cela fonctionne. Les détenus de Bastøy sont traités avec dignité et respect, et ils réagissent en conséquence. » (The Independent)

« La prison du Bastøy et son histoire mettent ainsi face à face deux systèmes carcéraux radicalement différents : l'un centré sur la répression et la mise au ban de la société, l'autre focalisé sur la reconstruction, la transition et la réintégration. Son itinéraire et son histoire montrent bien que le passage d'une dynamique carcérale est d'une part possible et d'autre part ne peut se faire efficacement qu'avec la réunion de certains éléments, dont l'écoute et la prise en compte de la recherche. […]

La confiance règne sur cette île – à condition que les détenus jouent le jeu, rappellent les journalistes : "*Ils sont comptés plusieurs fois par jour, ils doivent se soumettre à des tests d'urine pour détecter drogue et alcool. Ils doivent aussi respecter les horaires et se présenter tous les jours à leur travail*".

La Norvège enseigne la normalité aux prisonniers.

Les prisons norvégiennes, en particulier, commencent à réintégrer les détenus dès leur entrée dans la prison elle-même. Leur utilisation d'une "prison ouverte" permet aux détenus d'avoir un fort sentiment de normalité et de ne pas perdre tout lien avec la société ordinaire, malgré leur isolement.

Des routines sont imposées et l'éducation est très valorisée, une caractéristique qui permet une transition très fluide vers la vie normale après la libération. L'éducation étant un élément important de l'incarcération en Norvège, l'une des méthodes les plus populaires pour enseigner aux prisonniers consiste à faire appel à des éducateurs issus de la communauté et à permettre une interaction directe. Ce faisant, les liens entre les prisonniers et le grand public sont mieux entretenus et le sentiment d'hostilité présent dans la société américaine est grandement atténué grâce à ces relations encouragées et entretenues.

Les programmes de formation professionnelle et éducative augmentent également le désir des détenus de s'améliorer, un détail que les prisons norvégiennes utilisent à leur avantage en offrant un accès à des bibliothèques et à une prison qui fonctionne de manière similaire à une communauté. » (The Independent)

Les psychologues

Pour repenser les objectifs d'une justice qui ne sont faits que de vengeance et de loi du talion, il faudrait commencer par décrire le profil de ceux qui peuvent regarder autrement le profil des délinquants et puissent prendre des mesures pour en protéger la société.

Ce renouveau serait constitué de personnes formées à la psychologie criminelle et entraînées à estimer le comportement probable du délinquant retenu. Ils transformeraient le juge d'application des peines en un juge de correction comportementale.

Les orientations qu'ils pourraient proposer viseraient les maisons de rétention médicale, de centre de rééducation, de guide militaire.

On peut se demander de quelle manière la formation et la pratique des psychologues professionnels vont pouvoir aider à détecter et surtout à prédire la reconversion possible de délinquant.

Quand on se penche sur la formation, on y trouve des matières qui analysent les traits de la personnalité. J'y relève par exemple des approches comme « le psychoticisme (P), l'extraversion (E), le névrosisme (N) ». La combinaison PEN constituerait le résultat de prédispositions génétiques.

Le psychoticisme représente l'agressivité, l'impulsivité, les difficultés émotionnelles, l'absence d'empathie.

Des traits de caractère, l'égocentrisme, la labilité, l'agressivité et l'indifférence affective.

« D'autres chercheurs ont au contraire souhaité sonder la notion de personnalité criminelle (Debuyst, 1977), préférant considérer la délinquance plus simplement comme la réponse d'un individu à certains stimuli dans un contexte spécifique.

Ou des situations comme le sentiment d'injustice subie aide le criminel à passer à l'acte sans culpabilité (Gassin, 2003) »
(*Les personnalités criminelles – Évaluation et prévention*, Catherine Blatier)

Ces approches supposent des tests, des probabilités, de la statistique, mais on sait combien chaque cas d'espèce peut démentir ce que la probabilité a prédit.

Il est évident que d'autres qualités sont nécessaires à ceux qui vont guider d'anciens délinquants sous leur responsabilité.

L'expérience et la motivation de ces experts sont des préliminaires nécessaires pour que ce système puisse devenir efficace.

Le régalien

1789 a initié un autre monde. Aujourd'hui, le temps n'est-il pas venu de reproduire la mutation ? Mais bien sûr de manière plus apaisée.

Est-ce si hasardeux de deviner comment sera le monde de demain alors que tous les indicateurs nous invitent à le découvrir ?

Dans beaucoup de domaines, on voit apparaître les robots, l'intelligence artificielle, les drones, le véhicule autonome, le travail à domicile. L'armée est devenue affaire de techniciens, les drones ont remplacé l'artillerie.

Et un premier constat s'impose : le nombre de désœuvrés va augmenter. L'obligation de s'embarquer dans un travail insipide disparaît peu à peu, tout au plus les flexible-jobs gardent la cote.

Il restera les travaux ingrats, ceux de la construction, de l'hôpital, de la police. Et l'on retourne à notre bonne vieille loi de l'offre et de la demande. Si le bâtiment, si la santé ont besoin de plus de main-d'œuvre, il faudra augmenter le salaire de ces personnes-là. Et ce n'est pas en tolérant plus d'immigrés que l'on résoudra la question, car ceux-ci ne sont pas tous intégrables.

La question jaillit d'elle-même : comment garder une cohésion sociale dans pareil contexte ?

L'état régalien doit se redéfinir.

Quand on en arrive à constater une société en manque de médecins, d'infirmières, d'enseignants, d'ouvriers de la construction, on se dit que le gouvernement de cette société est bien mal en point. Quand on constate que cette société regorge d'administratifs, on ne peut que s'interroger.

Le rôle d'un gouvernement c'est d'analyser les besoins des citoyens et d'appliquer les recettes pour y remédier.

Alors que parmi ces gouvernants, la plupart s'intéressent à privilégier les demandes de leurs électeurs au sens le plus électoraliste qui soit, ils passent sous silence l'intérêt immédiat et à long terme de la collectivité. Le rôle d'un gouvernement est de hiérarchiser les besoins du pays tant au niveau des dépenses que de la gestion interne, tant au niveau budgétaire que des structures à mettre en place.

Alors que le gouvernant a supprimé le service militaire, il aurait pu trouver dans cette institution de quoi pallier certaines de ces carences. Nombre de tâches peuvent être réalisées par des personnes qui ne sont pas hautement spécialisées. D'autre part, la formation acquise dans ce type de mission peut avoir formé les individus à la discipline, à l'aide à la personne et à la collectivité. Il préparait aussi à la prise de risque, à la vie en commun, au civisme, à la défense de la patrie.

Dans certains cas, l'État doit être autoritaire et imposer certaines obligations. C'était le cas de l'obligation du service militaire, mais il pourrait prolonger ce droit en favorisant certains domaines comme les soins de santé ou la formation d'enseignants. Un des remèdes à cette dysharmonie est de dispenser au citoyen une éducation minimum qui l'harmonise à la société.

***

Or, aujourd'hui, les moyens ont disparu à différents échelons :

L'entourage familial est peut-être absent, passif ou même corrompu et ne lui apporte pas toujours cette éducation minimum.

L'école n'a pas vocation à cette éducation aujourd'hui : elle se limite à inculquer comment lire, écrire, calculer et plus loin à le spécialiser.

Formation, enseignement et simplification

Dans cette discipline, on retrouve la plupart du temps les cours ex cathedra, en présentiel, comme on les connaissait bien avant alors que des méthodes comme le MOOC (Massive Open Online Course) voient le jour.

Je me rappelle ces gigantesques auditoires d'université où un professeur présentait son cours à haut débit, alors que de notre côté, nous essayions d'en condenser quelques résumés. Ces auditoires, je les retrouve encore aujourd'hui avec la même densité d'étudiants.

Or depuis longtemps, la technologie a évolué et bien souvent grâce à certaines technologies, le même enseignement peut être acquis plus sereinement avec la possibilité de revenir sur des séquences, de s'attarder sur certains paragraphes, de les discuter et de réserver les échanges avec l'enseignant à des moments privilégiés. Je comprends peu pourquoi cette méthode n'a pas progressivement remplacé les cours ex cathedra.

« Dès lors, certains y voient une occasion, une opportunité de repenser l'éducation. En effet, si on considère que l'enseignement n'est pas synonyme d'apprentissage, que les savoirs transmis n'équivalent pas à des connaissances acquises par les étudiants, que les technologies nous libèrent de ce devoir social de transmission pour mettre en place un véritable accompagnement des étudiants au travers de méthodes plus actives, plus interactives […]

ces cours en ligne à distance nous invitent à repenser le présentiel, à identifier les valeurs ajoutées de ce dernier dans le cadre de communautés d'apprentissage fertiles en développement de compétences, notamment celles liées au *digital âge.* » (Louvain Learning Lab Blog)

D'autres réflexions méritent d'être menées sur certaines décisions comme l'allongement des études d'infirmier alors que des aménagements en cours de carrière paraissent aussi efficaces.

Faut-il prendre tellement de temps de préparation, de cours, de diplôme pour former un enseignant, un infirmier et d'autres professionnels ? Une autre logique suffit parfois pour enseigner les principes généraux à des personnes motivées. Par exemple, la formation permanente pendant une activité déjà en cours permet de parfaire la connaissance.

Conclusion

Que retenir de cette odyssée à travers des théories variées et invérifiables qui essaient d'expliquer notre psychisme ?

Le but était de déterminer si l'homme pouvait être entièrement responsable de ses actes et pouvait se targuer d'avoir atteint l'autorité d'un être moralement supérieur visant le bien, fuyant le mal.

Au lieu de cela, on le trouve égoïste, jaloux, vindicatif.

Alors que certains d'entre eux recherchent sagesse et vertu, d'autres volent, agressent et tuent.

L'hérédité aurait-elle pu le modeler au point de limiter son libre arbitre ? Des gènes sont-ils responsables de son comportement ?

La famille, les stimuli, le job, son entourage auraient-ils fait de lui un être dépendant soumis au hasard des circonstances ?

Comment expliquer le comportement de l'agresseur radicalisé, du casseur, du voleur, la monstruosité d'un Poutine ?

Devons-nous conclure qu'à l'intérieur de chacun de nous il subsiste un fragment d'une tare originelle et que celle-ci sera accentuée au gré des circonstances et du temps ?

Cesare Lombroso était convaincu que le criminel-né était marqué par son hérédité. Pour aller plus loin, on peut se demander si de manière insidieuse, chacun n'est pas affecté de manière plus ou moins déterminante par cette dépendance et si celle-ci ne va pas conditionner, à un moment de la vie, son comportement futur.

Cette sujétion paraît cependant trop réductrice et d'autres éléments vont le déterminer, affecter son comportement et sa responsabilité.

Au-delà de cet imbroglio d'éléments héréditaires, environnementaux et du hasard, se dégage sa propre responsabilité.

Et en face de lui se dresse la justice avec son fétiche sacré, la prison, la prison, la prison.

Pour se protéger de l'autre, l'homme a inventé la justice

« L'essentiel de la peine, écrit Foucault, que nous autres, juges, nous infligeons, ne croyez pas qu'il consiste à punir ; il cherche à corriger, redresser, "guérir" ; une technique de l'amélioration refoule, dans la peine, la stricte expiation du mal, et libère les magistrats du vilain métier de châtier ». Loin d'être donc un progrès dans l'humanisation de la peine, l'âge de la punition est en réalité, plaide Foucault, un processus de disciplinarisation et de contrôle total de la société par le pouvoir. (Pierre-Henri Tavoillot)

La justice va juger sur des critères figés et selon sa propre discrétion, mais juger de la vie d'un homme n'est-ce pas le privilège des dieux ?

Si l'on suit les raisonnements des auteurs que nous avons visités, nous devrions admettre que la responsabilité des hommes est souvent limitée. Dans le cas où la déraison l'a atteint de manière permanente, il serait parfois impossible de corriger le fond de l'homme dévoyé. Et dans cette dernière hypothèse, le rôle de la société devient celui de protéger les siens.

Une autre conclusion à mettre en avant est que condamner quelqu'un d'irresponsable est une aberration et les principes qui conduisent à punir un irresponsable sont immoraux.

Mais la leçon majeure, appuyée par Lombroso, est que la prison est un échec.

Échec parce que la société cherche à appliquer une punition et non pas la manière de se prémunir des anomalies qui sont inhérentes à tout être.

Si parfois l'individu est irrécupérable, le plus souvent un environnement, une thérapie peut le corriger.

Tout au long de sa vie, des pressions vont le transformer. Certains vont le maîtriser, d'autres vont y succomber.

Plutôt que punir, la vertu humaine ne serait-ce pas d'essayer de corriger ?

La thèse de la responsabilité de l'acte tel que nous l'avons développée va choquer le public et la magistrature.

En effet, toute responsabilité dépend de la volonté lucide de l'auteur.

Si un geste le plus horrible qui soit conduit à la mort d'une fillette, à la mort d'un groupe folklorique qui festoyait la nuit et si l'auteur du délit n'avait pas la volonté de nuire, on devrait considérer que sa culpabilité est relative.

Si sournoisement un individu prépare un attentat méticuleusement, mais qu'en fin de compte la bombe n'explose pas, cet individu est coupable parce qu'il avait la volonté de nuire.

Les solutions sont multiples :

Si l'on considère le cas des délinquants, il apparaît que la solution est plutôt dans les mains des psychiatres et des psychologues pour autant qu'ils soient formés à une thérapie adéquate.

La première distinction qu'ils seraient amenés à faire, et pour autant que leurs compétences le permettent, c'est de déterminer si un délinquant est corrigible ou ne l'est pas.

À eux aussi de définir les méthodes de thérapie qui peuvent varier de mesures d'éloignement au contrôle local et de l'enfermement humanisé dans le cas de personnes irrécupérables.

Le juge dont la préoccupation reste d'appliquer une pénalité devrait repenser ses objectifs : il prolonge une méthode indigne appliquée dans le passé, alors qu'il est prouvé que l'enfermement ne fait qu'aggraver la délinquance.

De leur côté, les responsables des dispositifs régaliens ne pourraient-ils tendre leurs efforts vers de meilleurs choix ?

Guérir, c'est former des psychiatres pour connaître la déviance des délinquants.

Punir, peut-être, mais en respectant l'homme, comme la prison de Bastøy que les Norvégiens nous ont fait découvrir, tout en ménageant des solutions décentes pour les déviants irrécupérables comme la gentrification, même à long terme.

Dans sa recherche d'un modèle idéal, l'homme a aussi inventé la démocratie.

Alors qu'elle est sacralisée par les bien-pensants, la démocratie serait-elle la panacée ?

Sauf qu'elle est composée d'une masse hétéroclite de citoyens dont il est bien difficile de déceler l'inspiration.

Elle répond aux passions du moment en affichant des réactions bien loin d'une attitude sereine.

Pour modérer ce déséquilibre, l'élu a pour vocation de représenter cette masse disparate et parler en son nom, mais il est tacitement admis que, pour assurer une gestion saine de l'état, l'avis des gouvernants est souvent supérieur à celui du peuple qui le mandate.

L’exemple type est celui de l’adhésion au traité de Maastricht, rejeté par l’électeur, mais validé par le pouvoir français et l’égarement du Brexit voulu par l’électeur britannique. Le grand danger de la démocratie, c’est que les forts en gueule aveuglent la masse des citoyens.

***

Mais alors quels sont ceux qui ont pu faire progresser cette philosophie ?

Il y a eu le siècle des Lumières qui ont introduit des idées exceptionnelles.

Beaucoup se sont impliqués, ils ont fait progresser l’harmonie sociale dans des périodes troublées et des slogans ont germé : liberté, égalité, fraternité alors que, paradoxalement, cette époque est aussi celle de la guillotine.

Mais aujourd’hui peut-on atteindre ces trois objectifs, malgré que le monde accepte l’emprise d’individus comme Poutine, Xi, Trump tolérés par leur nation ?

Et même à l’intérieur d’une population dite démocratique fleurissent les voleurs, les meurtriers que l’on n’est pas parvenu à éduquer et à corriger. Ce phénomène est vrai depuis la nuit des temps.

Faire l’apologie de la démocratie, peut-être, mais cette construction n’est-elle pas un leurre ?

Comment conclure qu’une masse instable plus préoccupée par ses intérêts personnels, par l’apparat ou le folklore puisse représenter un idéal social ?

Malgré les grandes avancées que représente la démocratie, l’inertie du peuple permet ces dérives, alors que des héros ont émergé pour s’opposer à l’inertie coupable. Il y a eu des Navalny, des Beltrame.

Mais quand la masse des citoyens ne réagit pas, toutes les dérives sont permises.

***

Alors la question fondamentale se pose : est-ce que le peuple peut être éduqué, guidé vers la sagesse ?

On peut s'interroger sur les chances de voir l'humanité comprendre l'enjeu, s'améliorer, avoir des relations pacifiées.

Probablement pas et c'est la triste conclusion.

Quelques hommes providentiels pourront imaginer des structures garde-fou.

Mais dans son tréfonds, l'homme gardera ses particularités ancrées en lui.

L'action de quelques-uns ne suffit à convaincre l'homme de la rue dont l'instinct de possession, d'inertie et d'égoïsme prévaudra toujours.

La démocratie se voudrait le rempart de la vertu, mais ses improvisations sont tellement variées que son concept est abîmé.

Démocratie peut-être, mais pas n'importe laquelle.

Table des matières

Imprimé en France
Achevé d'imprimer en décembre 2024
Dépôt légal : novembre 2024

Pour

Le Lys Bleu Éditions
40, rue du Louvre
75001 Paris